Dieses Buch gehört

APFELSI

Richard Scarry

Aufgepaßt und hingeschaut

Die schönsten Bilder und Geschichten zum Schauen und Lernen

Delphin Verlag

Ins Deutsche übertragen von Regina Eisele

Aufgepaßt und hingeschaut basiert auf dem 1983
im Verlag Arnoldo Mondadori Editore, Mailand,
erschienenen Sammelband *Le parole che contano*.

Satz: Fotosatz Thönnessen, Köln
Printed in Spain
ISBN 3-7735-5541-5

Inhalt

Zeit zum Aufstehen

DRING! Der Wecker klingelt. Es ist 7 Uhr. „Schon gut, ich stehe auf,“ ruft Ulrich verschlafen.

Willi wäscht sich gründlich. Es ist immer dasselbe! Weil er so große Ohren hat, steht das ganze Bad unter Wasser, wenn er sie wäscht. Friedrich zieht sich schnell an ... zu schnell ...

Quieker ist schon in der Küche und frühstückt. Quieker ißt am liebsten Haferflocken mit Milch, Anton bevorzugt Zwieback.
Anton kommt. „Guten Morgen“, begrüßt ihn Quieker. Aber Anton ist so hungrig, daß er nicht antwortet, sondern sich gleich auf die Zwiebackschachtel stürzt. Es reicht, Anton! Du bekommst Bauchschmerzen!

Anton hat einen Riesenhunger.

„Guten Morgen!“

„Ich spüle Geschirr.“

Hoppi spült die Frühstückstassen, dann trocknet er sie ab und räumt sie weg. So bleibt die Küche ordentlich. Mama sagt immer zu ihm: „Du bist ein Goldstück!“

Brummi macht alles langsam und gründlich. Er braucht lange zum Zähneputzen, denn er will sie blitzblank.

Auch das Waschen, Abtrocknen und Kämmen dauert bei ihm lang, denn er hat dichte Haare.

„Ich kämme mich."

Spiegel

Er zieht sich sorgfältig an, dann macht er das Bett. Zum Schluß zieht er seine Jacke über und ist fertig zum Weggehen. Einen schönen Tag, Brummi!

„Ich mache das Bett."

„Ich bin fertig."

In der Küche

Die Küche ist der meist genutzte Raum im Haus. Hier finden sich fast alle Haushaltsgeräte. Die Mutter verbringt hier viele Stunden, aber nicht nur sie, sondern die ganze Familie. Die Küche ist ein bißchen die Werkstatt des Hauses.

Oft hilft auch der Vater in der Küche: Er kocht oder deckt den Tisch. Du gehst in die Küche zum Spielen, zum Lesen, um Hausaufgaben zu machen oder um nachzuschauen, ob ... der Kuchen fertig ist.

Der Mittelpunkt der Küche ist der Herd. Er begrüßt uns morgens mit dem Duft nach Tee, Milch oder Kaffee. Vor allem mittags und abends hat er viel zu tun. Oft macht er uns noch vor dem Schlafengehen einen Kamillentee.

In der Küche gibt es viele Dinge.
Und alle haben eine Namen.
Pfannen sind breit und flach und haben einen niedrigen Rand, Töpfe dagegen sind viel tiefer.
Teller können so groß sein wie Servierplatten, Eßteller sind kleiner, und die Teller für den Nachtisch oder Kuchen sind noch kleiner.
Die Unterteller für Tee- oder Kaffeetassen sind am kleinsten.
Außer Tellern und Töpfen gibt es noch viele verschiedene Schüsseln, Schalen und Schälchen ... und natürlich auch große und kleine Gläser, Becher, Tassen und Täßchen!

Wie ihr seht, kochen in der Familie Borstel alle gern. Hier backen sie Plätzchen. Das macht allen sehr viel Spaß. Anschließend waschen sie gründlich ab, denn sonst wird die Mutter ärgerlich.

Kaffeelöffel

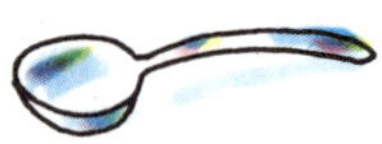
Teelöffel

Milchtopf

Abtropfsieb

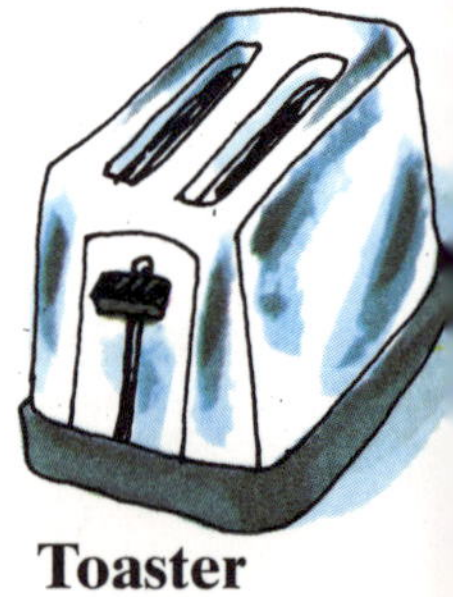
Toaster

Suppenlöffel

Stieltöpfe

In jeder Küche gibt es einen Kühlschrank: Er hält Essen und Trinken durch die Kälte frisch. In der Tür ist Platz für Flaschen, Eier und Butter; alles andere wird in den Fächern aufbewahrt. Unten ist das Tiefkühlfach für Eis, Fleisch oder Gemüse. Darin ist es sehr viel kälter.

In jeder Küche steht auch eine Spüle, um das Geschirr zu spülen oder das Gemüse zu waschen. In manchen Küchen gibt es zudem eine Geschirrspülmaschine und eine Waschmaschine.

Mein Haus, unser Haus

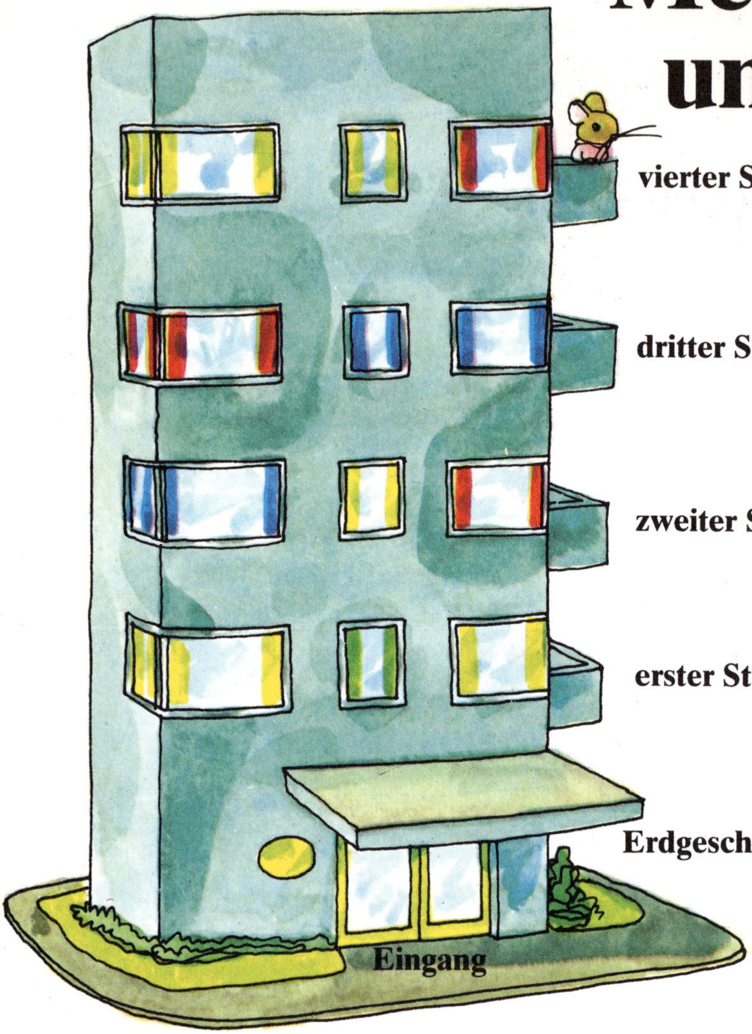

Wie viele Häuserarten gibt es? Unzählige. Die Häuser in der Stadt sind meistens höher und haben mehrere Wohnungen. Sie heißen Mietshäuser. Wenn die Häuser ganz hoch sind, nennt man sie Wolkenkratzer. Sie sind aus Stahl und Zement.
Hochhäuser haben meistens eine Sprechanlage. Das ist eine Art Telefon, mit dem man im Haus erfahren kann, wer geklingelt hat.

Häuserblock

Mehrere Häuser, die aneinanderstehen und von Straßen umgeben sind, nennt man Häuserblock.

Mehrere Straßenblöcke bilden ein Wohnviertel, mehrere Wohnviertel eine Stadt. Jedes Haus hat eine Nummer, die Hausnummer. Die Häuser, die eine Straße begrenzen, gehören alle zu dieser Straße und sind folgendermaßen numeriert: Auf der einen sind die geraden, auf der anderen Seite die ungeraden Zahlen.
Wenn zum Beispiel deine Freundin Hilda in der Hauptstraße 3 wohnt, und deine Freundin Maria wohnt Hauptstraße 4, dann wohnen sie sich genau gegenüber: die eine auf der linken, die andere auf der rechten Straßenseite.

Architekt

In den Bergen oder auf dem Land braucht man keine Sprechanlage: Man schaut einfach aus dem Fenster und sieht, wer da ist. Die Häuser in den Bergen sind oft aus Stein und haben ein abfallendes Dach, das heißt: Es ist sehr schräg, damit nicht zu viel Schnee darauf liegen bleibt.

Haus in den Bergen aus Holz und Ziegelsteinen

Haus in den Bergen aus Stein

Das ist ein altes Haus. Ihr findet solche Häuser in jeder Stadt, und sie können mehrere hundert Jahre alt sein. Dieses hier ist mindestens zweihundert Jahre alt. Alte Häuser sind etwas ganz besonderes, und um darin zu leben, müssen sie restauriert werden.
Das heißt, daß man eine Heizung, Wasser-, Gas- und Stromleitungen einbauen muß ...
Dieses Haus hingegen ist ganz modern: Gebaut aus Zement und Stahl, geräumige Zimmer, große Fensterflächen. Das Haus hat Heizung, Wasser, Gas, Strom, Telefon und Fernsehen. In diesem Haus fehlt nichts. Welches gefällt dir besser?

Iglu

Die Eskimos am Nordpol leben in Iglus, Häusern aus Eisblöcken. Du meinst, daß es in ihnen kalt ist? Überhaupt nicht: Das dicke Eis schützt vor der Kälte draußen.
In Asien ist es heiß, und es gibt große Flüsse, deshalb leben viele Menschen auf Booten. Auch in Afrika ist es sehr heiß; außerdem leben dort wilde Tiere: Löwen, Panther, Nashörner ... Da ist doch nichts besser als eine Hütte auf einem Baum: Man zieht die Leiter hoch und ... ätsch, ihr Löwen!

Dschunke

Baumhaus

Komische Häuser sind auch Schlösser, in denen früher Könige und Edelleute gewohnt haben. Sie haben riesige Zimmer, Fenster ohne Glas und endlose Treppen. Eindrucksvoll, aber ganz schön unbequem.

Schloß

Haus auf dem Kopf

Neben komischen Häusern gibt es auch verrückte Häuser. Zum Beispiel das Haus, das Herr Brumm baut. Es steht doch tatsächlich auf dem Kopf!

Verrückt ist auch das Haus, das Quieker betritt: Es ist aus Schweizer Käse!

„Mein Haus ist das beste.“

Wir gehen zur Schule

„Wir gehen über den Zebrastreifen.“

Wir müssen gehen! Los, alle zusammen, aber aufgepaßt beim Überqueren der Straße. Wenn ein Schutzmann da ist, wartet ihr auf sein Zeichen. Wenn es eine Ampel gibt, wartet ihr, bis Grün ist. Wenn es gar nichts gibt, schaut ihr zwei- oder dreimal erst nach links und dann nach rechts. In der Schule angekommen, hängt ihr Mäntel und Mützen ordentlich an die Kleiderhaken.Eure Mäntel und Mützen, nicht eure Klassenkameraden!

Kleiderhaken

Kleiderbügel

„Kein Benehmen!“

Die Gänge sind zum Gehen und nicht zum Streiten da. Schaut euch diese beiden Raufbolde an. Ihre Lehrerinnen eilen herbei, um sie zu trennen. Dann werden sie bestimmt einen Eintrag ins Klassenbuch bekommen.
Die Schüler der anderen Klasse sind auch nicht viel besser. Sie werfen mit Papierfliegern. Die Lehrerin ist entsetzt. Sie wird sicher mit den Eltern über diese Flegel sprechen!

Neben den verschiedenen Schularten gibt es noch die Kinderkrippe und den Kindergarten. In der Krippe spielt man nur, im Kindergarten spielt man auch noch, aber man lernt nebenbei schon etwas: Lieder singen, malen, ausschneiden ...

Die Grundschule ist eine richtige Schule mit Lehrern und Lehrerinnen. Sie lehren Lesen, Schreiben, Rechnen und auch so schwierige und interessante Fächer wie Sachkunde, Musik und Kunst.
Das ist das Klassenzimmer der ersten Klasse einer Grundschule. Fräulein Zuckertortel, die Lehrerin, ist nicht zufrieden mit Philipp, weil er ‚Iglu' klein geschrieben hat.

Ein Schüler schreibt mit Kreide an die Tafel.

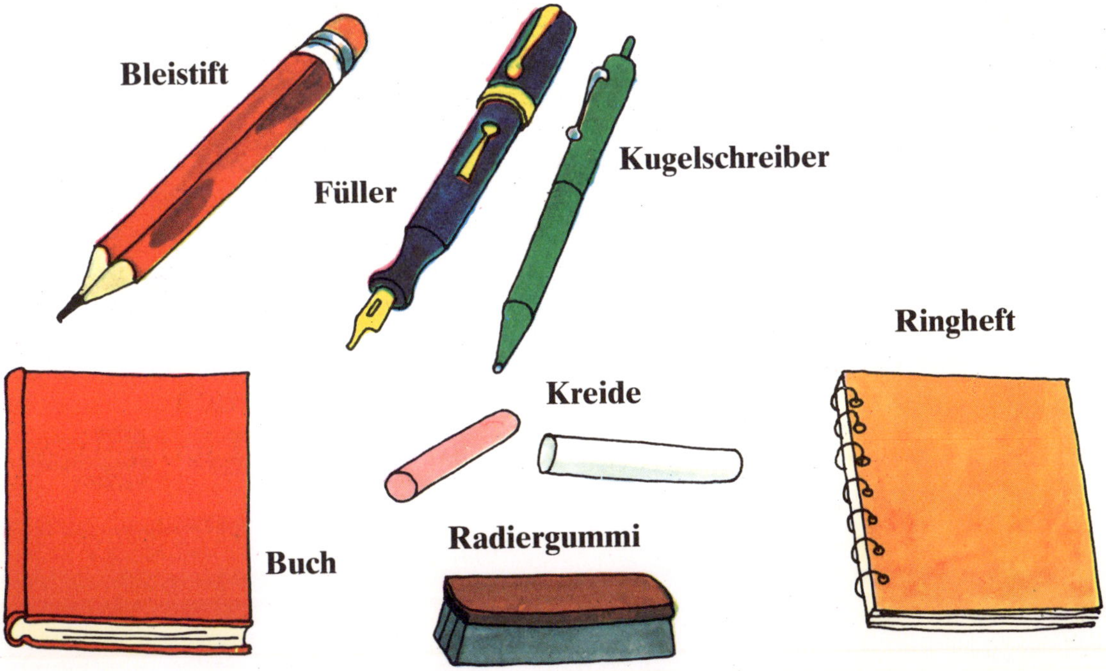

Ali ist ein hervorragender Kunstlehrer. Seinen Unterricht finden alle toll. Kennst du die Farben? Hier unten sind: Rot, Gelb, Grün, Hellblau, Braun, Schwarz. Und das passiert, wenn du sie vermischst: Gelb und Grün ergeben Blau, Hellblau und Rot ergeben Violett, Rot und Gelb ergeben Orange ... Mach selber weiter!

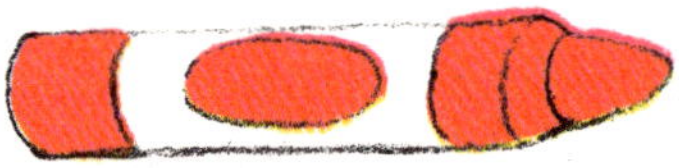

rot

gelb

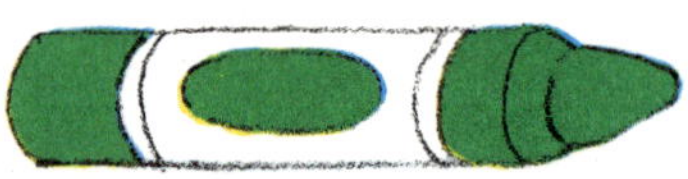

grün

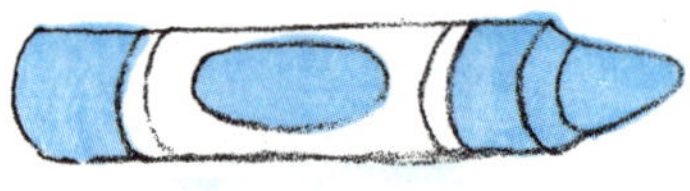

hellblau

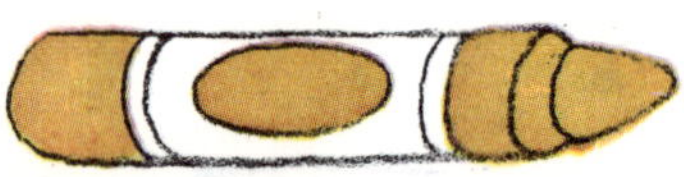

braun

schwarz

Ali ist in sein Farbenlager gegangen. Er möchte ein besonderes Bild malen. Was machst du, Ali? Malst du nicht? „Ich warte auf eine Eingebung“, antwortet er. Quieker schaut ihn bewundernd an. Er kann nicht malen. Ihm käme auch dann keine Eingebung, wenn er zehn Jahre warten würde!

eine Zeichnung auf Papier

Kreide

Hier seht ihr Alis Schüler bei der Arbeit. Jeder hat anderes Material und ein anderes Thema gewählt. Brummi malt mit Kreide auf Papier. Pam malt mit Ölfarben ein Stilleben – das ist eine Komposition verschiedener Dinge wie Obst, Gemüse, Schalen oder Blumen.

Fingerfarben

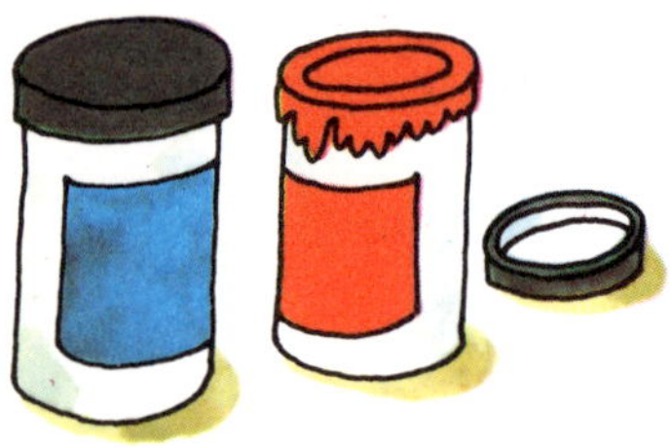

Wachsmalstifte

Wasserfarben

Und was passiert hier unten? Quiekers spanischer Cousin Diego Tolpaskes arbeitet an einem Fresko. Das heißt, er malt direkt auf die Wand. Ali hat gesagt: „Er wird schon zeigen, was in ihm steckt!“ Und alle seine Klassenkameraden schauen voller Respekt zu.

Die Zahlen

Wenn man dich fragt: „Wie alt bist Du?“, „Wie viele Erdbeeren möchtest Du?“ oder „Wieviel wiegst Du?“, antwortest du mit einer Zahl. Die Zahlen drücken die Menge oder Größe der Dinge aus. Die kleinste Zahl ist eins. Dieses Haus hat eine Tür, einen Schornstein und einen Wetterhahn.
Dingo war angeln, und er hat nur einen Fisch gefangen, aber der war sooo groß. Am Abend haben sie ihn gebraten und zu zehnt gegessen. Meine Güte!
Egon braucht nur ganz wenig zum Anziehen. Warum? Ihm reicht ein Strumpf, ein Schuh, ein Hemd und eine Hose.

„Der Fisch war sooo groß.“

1

eins

Doppeldecker

1 + 1 = 2 Zwei wie die Flügel des Flugzeugs von Rudolf Strudel, das über der Stadt kreist.

2

zwei

Zwei wie die beiden Häschen, die in ihre Klasse, die zweite Klasse, gehen. „Heute lernen wir addieren", kündigt die Lehrerin an.

Zwei Dinge oder Personen, die zusammen gehören, bilden ein Paar: ein Paar Strümpfe, ein Paar Schuhe, ein Paar Ohren, ein Brautpaar.

„Na, da schau an!"

ein Paar Strümpfe über einem Paar Ohren

3 drei

Herr Warzenschwein geht nie
zum Frisör, wie man sehen kann!
Drei Vögelchen hielten seine
Haare für einen Busch und
haben sich ihr Nest darin gebaut!

Drei Vagabunden haben eingekauft: eine graue Jacke, eine rote und eine grüne. Das sind drei Jacken. Dann ein Paar grüne Hosen, ein Paar graue und ein Paar graugrüne. Wieviel Paar Hosen haben sie gekauft?

Wie elegant!

4 vier

Die Windmühle hat vier
Flügel. Dort lebt Jan,
ein holländisches
Kaninchen.

Vier Freunde teilen sich
einen Kuchen. Wer ißt
mehr als die anderen?

Wie alt wird Daniel,
der Ameisenbär? Zähle
die Kerzen auf seiner
Geburtstagstorte!

Vier Schüler und eine Lehrerin sind in der Klasse. Zusammen sind das ... fünf! Fünf, wie die Finger an deiner Hand und die Zehen an deinem Fuß, wie die Blütenblätter der Veilchen, des Hahnenfuß und des Vergißmeinnicht. Fünf Kartoffeln hat Ferdi aus der Erde gegraben. In einer ist ein Käfer. Flieh, Käfer, sonst wirst du gebraten!

6 *sechs*

Fünf Küken in einem blauen Kleid und eines in einem roten. Wie viele sind es insgesamt? Es sind sechs Küken, die erst vor kurzem aus sechs Eiern geschlüpft sind.

Oh! Violettas Perlenkette ist gerissen, und die Perlen rollen weg. Wie viele rosa Perlen rollen davon? Und wie viele violette? Zähle sie!

Sechs Käfer stehen um das Schwimmbecken und beobachten ihren Freund bei seinem Sprung. Wird er es schaffen? Alle halten die Luft an. Sechs und einer: Wie viele Käfer sind es?

Bauer Bock ist beim Arzt zu einer Untersuchung. Er hat sich einige Äpfel als Wegzehrung und für die Wartezeit mitgenommen. Wie viele Äpfel hat er dabei? Sieben rote, reife Äpfel hat er am Morgen vom Baum gepflückt.
Theo hat nur sieben Löffel gefunden, um sein Eis zu essen. „Ich bräuchte noch einen“, denkt er. Sei zufrieden, Theo! Reichen dir sieben Löffel wirklich nicht?

sieben

7

8

acht

Krebse haben acht Beine und zwei Zangen. „Kannst du mit diesen Zangen richtig zupacken?“ fragt der Fuchs den Krebs. Und der Krebs zeigt es ihm ... Herr Borstel kommt strahlend nach Hause und ruft: „Herzlichen Glück ...“ aber *plumpspeng!* rutscht er aus. Wie viele Rosen wollte er Mama Borstel schenken? Acht Rosen, denn sie sind seit acht Jahren verheiratet.

9

neun

„So eine Hitze! Ich mache mir eine frische Limonade“, sagt Frau Knolle. Aber sie drückt mit so viel Kraft die Eiswürfel heraus, daß ... *ups!* neun Eiswürfel wegflutschen. Neun, wie die Käfer, die jetzt ihrem Freund bei seinem Sprung zusehen. Neun stehen dabei, und einer springt. Wieviel sind es zusammen? Acht kleine Frösche plantschen im Wasser. Einer hält den Wasserschlauch. Acht sind im Wasser, und einer ist draußen. Wie viele Frösche sind es zusammen?

10

zehn

„Ich habe Lust auf Gurken,“ sagt Anton. Er klettert am Faß hoch, verliert das Gleichgewicht und fällt hinein. Wie viele Gurken spritzen aus dem Faß? Zehn. Zähle sie!
Anton wäscht sich und zieht sich um. Quieker macht ihm in der Zwischenzeit netterweise einen Teller Gurken zurecht. Wie viele Gurken hat Anton auf dem Teller?
Ein Picknick ohne Ameisen ist kein Picknick. Und da sind doch tatsächlich zehn Ameisen.

0

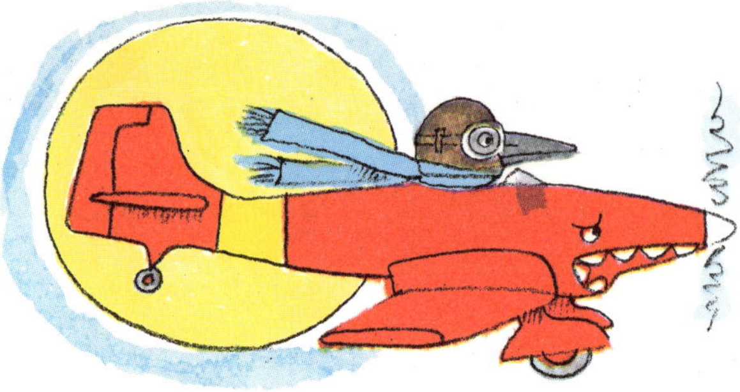

Null

Graf Krahe hat vergessen, vor dem Abflug zu tanken. Jetzt steht die Anzeige auf Null, der Tank ist leer, und die Geschwindigkeit sinkt rapide auf Null. Graf Krahe muß eine Notlandung versuchen: Das Flugzeug berührt schon fast den Boden. Als Pilot ist Graf Krahe eine Null.
Anton erwartet ihn zu einem gemeinsamen Abendessen. Er sitzt vor dem Kuchen, den er in 16 gleich große Stücke geteilt hat. Er wartet ... ein Stück folgt dem anderen ... Nun hat er schon 15 Stücke gegessen. Bleibt noch 1 Stück. Wenn Anton das auch noch ißt, bleiben 0 Stücke übrig.

Anton hat
abziehen gelernt.

„Rechnen können ist wichtig“, erklärt Ali Quieker. „Auch die Null ist eine wichtige Zahl. Mit ihr kann man ausdrücken, was es nicht gibt.“ Auf Alis Tafel gibt es keine Ananas, das heißt, dort sind 0 Ananas. Allein ist die Null nichts wert, aber rechts neben einer anderen Zahl vergrößert sie diese gleich um das Zehnfache: aus 1 wird 10, aus 3 wird 30, aus 7 wird 70 ...

Anton bringt die Vorräte immer auf null. Wenn er an der Speisekammer vorbeigekommen ist, sind dort noch 0 Kekse, 0 Stücke Kuchen, 0 Gurken, 0 Bananen, 0 Tafeln Schokolade ... Anton ist ein echter „Nullmacher“.

Die Wochentage

Montag

Dienstag

Mittwoch

Donnerstag

Freitag

Samstag (Sonnabend)

Sonntag

Die Woche hat sieben Tage: sechs Arbeits- oder Schultage und einen Feiertag, den Sonntag. Am Sonntag kann man spielen, lesen, faulenzen, fernsehen, in einen Freizeitpark oder ins Schwimmbad gehen und Freunde treffen ... Der Sonntag ist der schönste Tag der Woche!

Die Monate

Januar	(31 Tage)
Februar	(28 Tage)
März	(31 Tage)
April	(30 Tage)
Mai	(31 Tage)
Juni	(30 Tage)
Juli	(31 Tage)
August	(31 Tage)
September	(30 Tage)
Oktober	(31 Tage)
November	(30 Tage)
Dezember	(31 Tage)
zusammen	365 Tage

Wie du siehst, haben die Monate nicht alle gleich viele Tage. Der Februar ist der kürzeste Monat: Er hat gewöhnlich 28 Tage, aber alle vier Jahre gibt es einen Tag mehr, nämlich 29. Diese Jahre mit einem Tag mehr heißen Schaltjahre. Welche Jahre Schaltjahre sind? 1988, 1992, 1996 ...

Der Frühling

Die Luft ist lau, und man kann die Fenster offen lassen. An den Bäumen, auf den Wiesen, in den Gärten und auf den Balkonen sprießen Knospen, neue Blätter, grünes Gras und bunte Blumen. Die Kinder spielen im Freien, und die Bauern beginnen mit der Arbeit auf den Feldern.
Die Tage werden länger und wärmer ... Es ist Frühling.

Der Sommer

Auf dem Kalenderblatt vom 21. Juni steht: Sommeranfang. Dies ist der längste Tag des Jahres!

Es ist heiß, die Tage sind sehr lang, und man kann bis spät in den Abend draußen spielen. Auf den Feldern wächst das Getreide, an den Bäumen reifen die süßesten Früchte: Äpfel, Kirschen, Pfirsiche, Pflaumen und Birnen. In den Wäldern kann man Brombeeren, Heidelbeeren und Himbeeren sammeln, und die Wasser- und Honigmelonen werden immer dicker. Die Bienen summen, die Grillen zirpen, und die Frösche quaken.
Am schönsten ist es im Schatten von Bäumen oder in der Nähe des Wassers.
Ein Nachmittag zum Fischen oder Baden, ein Morgen zum Radfahren, ein Picknick am Nachmittag und die nächste Woche ein Besuch bei den Großeltern ... Das ist Sommer.

„He, Grille, hast du keine Angst vor dem Winter?“
„Nein, denn die Ameise lädt mich zum Essen ein, und dafür singe ich ihr etwas vor.“

Der Herbst

Ende August werden die Tage kürzer, und die Sonne brennt nicht mehr so heiß. Alles scheint vergoldet, und der Himmel ist klar. Aber morgens ist es manchmal neblig, und am Abend muß man sich schon warm anziehen. Die Birnen, Äpfel, Kastanien, Süßkartoffeln und Kürbisse reifen in allen Formen und Farben. Viele Bäume verlieren ihre Blätter. Sie fallen zu Boden und bilden fantastische Teppiche, die unter den Füßen rascheln ... Das ist Herbst.

Im Herbst kauft man den Apfelvorrat für den Winter.

Kürbisse schmecken lecker. Ihre Kerne kann man auch als Vogelfutter verwenden.

Der Winter

Es ist richtig kalt: Es schneit, die Weiher und Pfützen frieren zu. Die Tage sind kurz und die Nächte lang. Im Haus, wo es mollig warm ist, fühlt man sich am wohlsten. Aber gut eingepackt, mit Schal und Mütze, kann man auch nach draußen gehen und mit Freunden rodeln, Schlittschuh laufen oder Ski fahren. Das Näschen, die Hände und Wangen sind von der Kälte ganz rot, aber heißer Kakao, Waffeln und Christstollen lassen die Kälte schnell vergessen... Das ist Winter.

Räumfahrzeuge machen die Straße frei, damit die Autos fahren können.

Im Winter kann man natürlich auch wunderbare Schneemänner bauen.

Wir spielen im Freien

Quieker ruht sich aus.

„Bravo! Bravo!“

Alle sind da! Ursula und Willi spielen fangen, Knolli ist auf der Rutschbahn, Hilda fährt Rad ... oder besser: wollte radfahren, Egon lernt Rollschuh laufen, und Quieker macht ein Nickerchen. Andere streiten sich, einer zerreißt sich die Hose, und ein Dritter matscht im Sand. Es fehlt wirklich niemand!

Das hält das Fahrrad nicht aus.

„Warum nur?“

„Ich lerne Rollschuh laufen.“

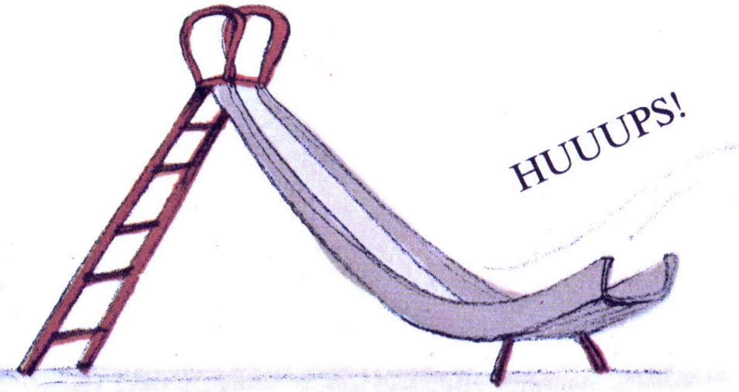

Aus Spiel wird
leicht Streit.

„Fang ihn!“

„Verflixt!“

*„Komm, Küken!
Wir bauen
Sandburgen.“*

Auf jedem Spielplatz gibt es auch eine Rutsche. Es macht Spaß, hinunterzurutschen und im weichen Sand zu landen. Man kann ein Wettrutschen veranstalten: Wer ist am schnellsten unten? Auf der Wippe scheint man zu fliegen, ganz langsam rauf und runter. Dabei kann man mit dem Freund über alles reden.

„Ich mag seilspringen."

Diese drei kräftigen Kätzchen drehen das Karussell in schwindelerregender Geschwindigkeit. Ursula übt Seilspringen. Sie hat gewettet, daß sie ohne Pause hundertmal hüpfen kann. Fritzi ist nicht zu bremsen. Wenn er auf die Rollschuhbahn kommt, machen ihm alle Platz.
Die Kleinsten spielen im Sandkasten. Wenn sie abends nach Hause kommen, haben sie überall Sand: in den Kleidern, den Haaren, den Ohren...

„Ich mag Rollschuh laufen."

„Ich backe Sandkuchen."

Papierflieger

Brummi baut alle möglichen Papierflieger, die er im Hof fliegen läßt. Dieser gelbe fliegt wirklich gut. Er macht sogar einen Looping!
Die Kätzchen spielen Ringelreihen, und die Mäuse zählen aus, wer beim Versteckspiel suchen muß: Eins-zwei-drei und du bist frei!

Ringelreihen

„...zwanzig, einundzwanzig...“

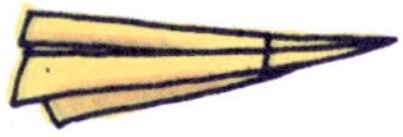

„Meine Ohren pfeifen...“

Frau Borstel hängt die Wäsche auf. Sie lacht und schaut den Kindern beim Spielen zu. Willi bleibt einen Augenblick verwirrt stehen ... ihm ist irgend etwas zwischen den Ohren durchgeflogen...

„Gleich habe ich dich!“

Eine Frau hängt Wäsche auf.

Welches Spiel ist das? Ganz einfach: Fußball. Elf Freunde haben sich zum Spielen getroffen. Bei ihnen geht es hoch her. Auf dem Spielfeld herrscht ein ganz schönes Durcheinander, und der Schiedsrichter pfeift sich die Lunge aus dem Hals. „Nur ein Ball, hört ihr, nicht zwei!“

Aber es nützt gar nichts. Sie schreien so laut, daß sie ihn überhaupt nicht hören.
In einer Ecke spielen Pim und Pum ganz still mit den Murmeln und lassen sich von dem Krach nicht stören.
Die haben Nerven!

Wir spielen im Haus

Ulrich wollte einmal etwas anderes machen als sonst, und es ist ihm gelungen: Er hat die Buchstabenwürfel aufeinander gestapelt anstatt nebeneinander.
Alis Leidenschaft ist die Malerei. Aus Spaß hat er Quieker porträtiert. „Bin ich wirklich so groß?“ fragt Quieker.

Georg hat den Fernseher angemacht. Es läuft die Serie ‚Im Wilden Westen‘, und Quieker kommt sofort, um zuzuschauen. Der Sheriff John Colt weiß nicht, daß ihm der Bandit Joe Raufbold eine Falle gestellt hat... „Achtung!“ rufen Quieker und Georg aufgeregt.
Ihr Schreien stört Brummi und Willi, denn sie brauchen Ruhe, um sich auf das Damespiel zu konzentrieren.

„Möchten Sie eine Tasse Tee?“

elektrische Eisenbahn

„Tu-tuuuut!“ macht Willi mit der elektrischen Eisenbahn. Anna trinkt mit ihrer Lieblingspuppe Tee, und Karoline geht mit ihrer Puppe vor dem Abendessen einmal ums Haus spazieren. Max füllt mit dem Förderband Steine in den Lastwagen.

Teddybär

Förderband

Puppenhaus

Spielauto

Roboter

Poldi fährt in seinem Spielauto herum, während Richard seinen Baukasten ausgepackt hat. Bernd spielt Cowboy, und irgend jemand hat einen Roboter in Gang gesetzt, der nun so lange läuft, bis die Batterie leer ist.

„Hopp-Hopp!“

Schaukelpferd

Bauwerk

Musik!

Ulrichs Tuba

Ulrich hat sich von seiner Großmutter eine Tuba schenken lassen, denn er möchte seine musikalischen Kenntnisse erweitern. Er ist von diesem Instrument mit seinem warmen, tiefen Ton begeistert. Großmutter scheint weniger begeistert. Das Haus ist klein, und ihr musikversessener Enkel denkt nicht an ihr empfindliches Trommelfell...
Ulrich kann viele Instrumente ein bißchen spielen und hat auch seine Freunde für die Musik begeistert.

Trommelschlegel

Große Trommel

Banjo

Kornett

Flügel

Laut erklingen die hohen Töne der Blasinstrumente, die Trommelwirbel und die Akkorde von Gitarre und Banjo. Anton schlägt heftig auf seine Trommel: Seine Schläge lassen die Scheiben klirren.
Nur Ursula merkt nichts von dem ganzen Krach, denn sie ist völlig vertieft in ihre Klavierübungen.

Geige

Trommelschlegel

Kornett

Gitarre

Kleine Trommel

Auch wer kein Instrument zu spielen versteht, kann Musik machen. Hier übt Frau Huhn mit ihren Küken ein Lied, mit dem sie zu Ostern bei einem Fest auftreten wollen. Das Programm reicht von Kinderliedern bis zu Melodien aus den Bergen. Die Musikbegeisterung hat auch die Großmutter gepackt. Sie spielt fröhlich auf der Gitarre und tanzt dazu.

Es gibt viele verschiedene Instrumente. In einem Orchester, das du in Opern oder Konzerten erleben kannst, sind die Instrumente in drei Gruppen unterteilt: die Seiteninstrumente, das sind die Geigen, Bratschen, Violoncelli, die Kontrabässe und die Harfen; die Blasinstrumente, das sind die Pikkoloflöten, Querflöten, Klarinetten, die Oboen, Hörner, Fagotte, die Englischhörner, Trompeten, Posaunen und Tuben. Zu den Schlaginstrumenten gehören die Trommeln, die Becken, die Triangeln und die Pauken.

Wir gehen zu Bett

Was macht man abends, bevor man ins Bett geht? Pim, Pum und Anton baden, denn sie haben den ganzen Tag im Sand und Matsch gespielt. Sie baden überhaupt nicht gern, aber ihre Mutter bleibt hart.

Ursula putzt sich jeden abend die Zähne und vergißt nie, auch ihre Haare zu bürsten. Willi trinkt eine Tasse warme Milch, so schläft er besser. Fritzi trinkt einen Kamillentee, denn er ist immer ein bißchen nervös. Plinkereule ist ein besonderer Fall: Sie geht nicht ins Bett, sie ist gerade erst aufgestanden. Denn sie schläft am Tag und ist nachts wach.

Quieker schlüpft als erster unter die Decke. Er ist hundemüde. Er lächelt im Schlaf. Vielleicht träumt er von einem Käseladen...

Auch Leo lächelt. Pum hat leider Fieber und kann nicht gut schlafen. Anton wälzt sich im Schlaf herum; er dreht sich von einer zur anderen Seite und stöhnt ... kein Wunder bei den vielen Keksen und Gurken, die er gegessen hat!

Egon ist so lang, daß er in kein Bett paßt. Deshalb stellt er sein Bett vors Fenster; so kann er die Beine ausstrecken!
Was ist los? Quieker ist aufgewacht. Er hat Durst, aber keine Lust aufzustehen. Was tun? Im Bett bleiben und Durst haben oder aufstehen und etwas trinken?
Biber Kowitsch muß sein Bett noch fertig bauen. Bis dahin schläft er eben so, dicht neben Elias, der nachts immer ein Licht brennen läßt.

Was tun?

lernen

rennen

Es gibt Wörter, die bezeichnen keine Sache oder Person, sondern eine Handlung. Diese Tu-Wörter heißen Verben, und ohne sie gibt es keine Sätze. Oder kannst du etwa sagen: „Ich eine Birne“? Nein, denn das gibt keinen Sinn. Wenn der Satz etwas bedeuten soll, mußt du sagen, was du mit der Birne machst: Ich esse, verschenke, kaufe, schäle, teile, wiege...

streiten

wiegen

Es gibt so viele Dinge zu tun.
Schaut nur mal!

springen

kriechen

fallen

Gute Nacht sagen

gähnen

Nichtstun kann schrecklich langweilig sein.
Dabei könntet ihr doch ...

ein Buch lesen

fernsehen

graben

Ball spielen

einen Brief schreiben

schwätzen

sparen

telefonieren

grüßen

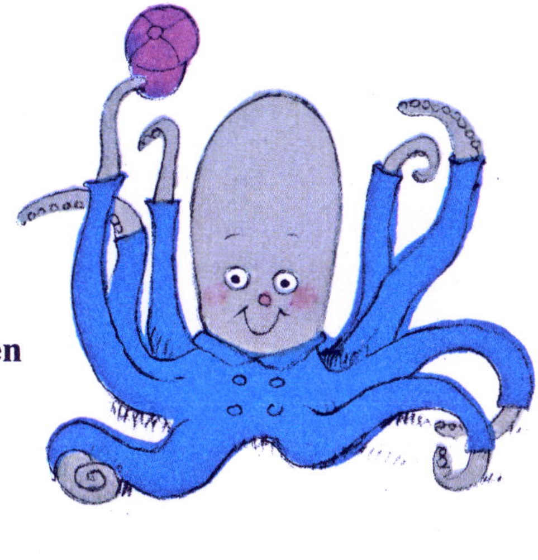

Wir fahren in die Stadt

Was macht jemand, der nicht in der Stadt oder im Zentrum wohnt, wenn er in die Stadt will? Er fährt mit dem Auto, wie Quieker oder dieser verrückte Dingo, der immer der erste sein will. Oder man nimmt ein Privatflugzeug wie Graf Krahe. Oder man benutzt einfach ein öffentliches Verkehrsmittel. So machen es Herr Knolle, Knolli, Gordon und Frau Borstel mit ihren drei Kindern. Heute heulen die Kleinen die ganze Zeit, und keiner weiß, warum. Die Mama lächelt. Vielleicht weinen sie, weil sie noch so klein sind und keine Fahrkarten kaufen müssen, oder vielleicht, weil sie lieber auf dem Dach zusammen mit Knolli fahren würden... wer weiß!

Graf Krahe

Häuser auf dem Land

Dingo

Als Dingo in der Stadt ist, sucht er einen Parkplatz. Wie immer paßt er nicht auf. Jetzt muß er den Unfall der Versicherung melden und zugeben, daß alles seine eigene Schuld war.

Lieferwagen

falsches Parken

erschrockener Feuerwehrmann
„Hilfe!“
73
Briefe
Postauto
Feuerwehrleiter
Feuerwehrauto
Neugieriger
Familie Borstel fährt in die Ferien.

Dingo ist wirklich unverbesserlich! Jetzt fährt er durch die Stadt wie ein Verrückter. Das Feuerwehrauto und der Postbus sind zusammengestoßen, als sie ihm ausweichen wollten. Aber Herr Ferk sieht ihn zu spät und kann ihm nicht mehr ausweichen...
RUMMS! fährt Dingo den Karren um, und die Äpfel rollen über die Straße.
In der Zwischenzeit klammert sich der Feurwehrmann an die Leiter und schreit um Hilfe, und der Briefträger muß aussteigen, um die verstreuten Briefe einzusammeln. Also wirklich, Dingo, mußt du immer solche Katastrophen verursachen?

Hotel
Hotel-
portier
Straßenkreuzer
STADT CAFÉ
FRISÖR
Postbote
POST
Kanaldeckel
Baustellensicherung
Autobus

In der Stadt
gibt es viel
zu sehen.

Frau Borstel ist angekommen. Der Bus hält, und sie steigt mit ihren weinenden Kleinen aus... Das Geheimnis ihrer Tränen wird gelüftet: Die Mama bringt sie zum Frisör, und sie wollen NICHTS davon wissen! Aber der Frisör kennt sie gut und weiß, daß sie nach einer Weile mit dem Weinen aufhören werden. Schließlich tut Haareschneiden überhaupt nicht weh!

Wir gehen einkaufen

Bummeln wir ein bißchen durch die Geschäfte und schauen, ob es etwas Interessantes gibt. Auf jeden Fall müssen wir sofort einen Luftballon kaufen... Welche Farbe? „Blau!“ sagt Peter. Es ist ein wunderschöner blauer Luftballon, den man gut festhalten muß. Denn sonst fliegt er davon. Ulrich sucht ein Instrument. „Die Tuba, Oma!“ ruft er aufgeregt. Die Oma schaut sich aber die Mundharmonika an: Sie ist klein, einfach zu spielen, und man kann sie in die Hosentasche stecken... aber nichts zu machen: Ulrich will eine Tuba!

Kikidi ist von seinen Schuhen aus ganz weichem Kalbsleder begeistert...

... Herr Mauf braucht eine Sonnenbrille und Herr Knolle einen neuen Hut: Er verliert ihn immer, wenn er dem Bus hinterherrennt!

Ursula und Ulrich gehen mit der Großmutter ins Spielwarengeschäft. „Schau mal, Oma, die rosa Puppe!“ ruft Ursula. „Was ist schon eine Puppe! Seht euch mal lieber diese Kanone an!“ verlangt Ulrich. Quieker ist auch ganz begeistert.
Fräulein Rosa ist in der Zwischenzeit beim Metzger. Sie dreht sich zum Nasepudern um... er ist ja so verliebt in sie. Alles läuft schief, wenn er sie nur sieht... Das Ergebnis: Er schneidet Rosas Tasche in Scheiben wie eine Salami!

Frau Borstel hat im Supermarkt eingekauft. Jetzt ist sie an der Kasse und bezahlt. Brummi steht etwas abseits und überlegt ... er überlegt, was er einkaufen sollte. Hat die Mutter gesagt: fünfhundert Gramm Butter, zehn Eier und ein Eis oder einhundert Gramm Butter, fünf Eier und zehn Eis ...? Vielleicht ist es besser, nach Hause zu gehen und zu fragen...

Ali und Quieker betrachten die Sonderangebote. Der Käse ist wirklich günstig, stellt Quieker fest. Er geht immer in diesen Supermarkt, weil sie ihn an der Käsetheke fragen, ob er probieren möchte.
Er probiert stets alles und kommt so zu einem hervorragenden Imbiß.
Ali möchte einen Blick auf die Bücherangebote werfen. Vielleicht ist eines über Malerei darunter.

Am Obststand wiegt Anton einen Kürbis. Völlig verblüfft liest er die Angabe: 120 Kilo! Ist das möglich?! Sicher ist das möglich, Anton, wenn du auf dem Kürbis sitzt!

Frau Knolle ist mit ihrem Einkauf fertig und bezahlt an der Kasse. Sie setzt Ulrich immer in den Wagen und zieht ihn hinter sich her. So kann sie unbesorgt einkaufen. Denn bei Ulrich weiß sie nie, was er anstellt, wenn sie ihn nicht im Auge hat.

Ulrich geht gern mit seiner Mutter zum Obstladen, denn Obst und Gemüse wechseln ständig im Lauf des Jahres. Er fragt: „Woher kommt dieser Kürbis? Und woher der Spargel? Und der Kopfsalat?“ Und der Verkäufer nennt ihm die deutschen Anbaugebiete: Bayern, Rheinland-Pfalz, Schleswig-Holstein... Manchmal kommen sie auch aus dem Ausland, aus Spanien, Griechenland, Israel...

Beim Arzt

Reagenzglas

Arzthelferin

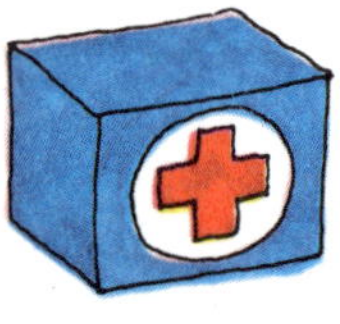

Verbandskasten

Mullbinde

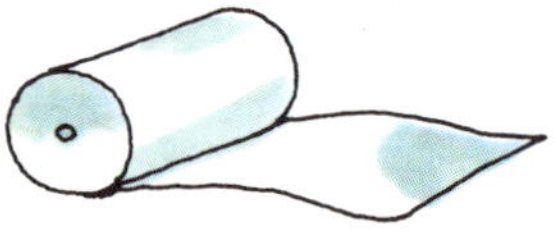

Leukoplast

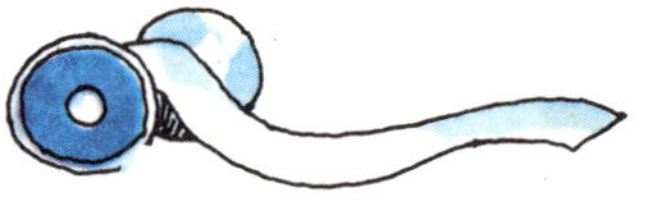

Verbandwatte

Pinzette

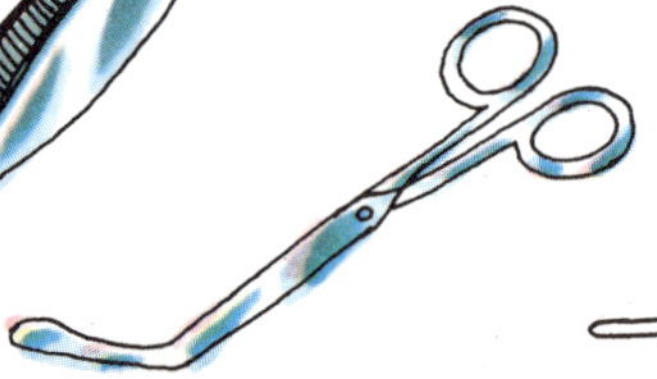

gekröpfte Schere

Heftpflaster

Thermometer

Leo und Brummi sind zu einer Kontrolluntersuchung bei Doktor Löwitsch. Der Arzt hält das Stethoskop an Leos Brust, um seine Herztöne zu überprüfen. Dann hält er es an seinen Rücken und kontrolliert die Atmung. Er läßt ihn die Zunge herausstrecken, um zu sehen, wie die Verdauung arbeitet, und er schaut ihm mit einer kleinen Lampe in den Hals, um die Mandeln zu kontrollieren. Dann wird gewogen und gemessen. Schließlich sagt der Doktor: „Du bist völlig gesund, aber Du solltest weniger essen, denn Du bist ein bißchen zu dick."

Nils geht regelmäßig zum Zahnarzt und läßt seine Zähne überprüfen. Der Zahnarzt sieht sich die Zähne mit einem besonderen Spiegel genau an; dann macht er sie gründlich sauber, damit sich kein Karies bildet. „Denk daran“, sagt er zum Schluß, „nach jedem Essen die Zähne putzen, weniger Süßigkeiten essen und zweimal im Jahr zur Kontrolle kommen.“

Hannibal hat sich beim Tauziehen den Rüssel verletzt. Quieker hat ihn mit einer Salbe vorsichtig eingekremt und verbunden. Hannibal fühlt sich sofort besser.

Doktor Löwitsch geht es nicht gut. „Mir ist so heiß, und ich habe Kopfschmerzen“, sagt er seiner Arzthelferin. Sie gibt ihm eine Spritze und erklärt: „Heute abend gehen Sie früh ins Bett, und morgen ruhen Sie sich aus.“ Dieses Mal ist es der Doktor, der gehorchen muß.

So viele Berufe!

Wenn du auf der Straße bist, schau dich mal um, wie viele Menschen um dich herum arbeiten. Die Polizisten fahren Streife und passen auf, daß in der Stadt alles seine Ordnung hat. Der Bauer fährt auf den Markt, um dort seine Waren zu verkaufen. Die Taxifahrer bringen dich überall hin und kennen alle Straßennamen der Stadt auswendig.

Der Mechaniker repariert kaputte Autos. Er weiß alles über Motoren. Der Lieferwagenfahrer versorgt die Geschäfte mit Milch, Nudeln, Gebäck und vielem mehr. Andere fahren so komplizierte Maschinen wie einen Bagger, einen Kran oder eine Planierraupe...

Erzieherinnen lieben Kinder und verlieren nie die Geduld. Sie erzählen Märchen, kennen viele Spiele und machen herrlichen Nachtisch.

Wenn ein Radio oder Fernseher nicht mehr funktioniert, flucht ein Elektriker nicht los oder schlägt um sich, sondern nimmt Schraubenzieher und Zange und sucht den Fehler.

„Bravo!“

Quieker hat eine besondere Arbeit: Er reinigt Gläser und Flaschen von innen! Er ist der einzige, der diese Arbeit machen kann, weil er so klein ist. Darum ist er in der ganzen Stadt sehr gefragt. Wenn die Streifen auf der Straße erneuert werden müssen, beauftragt die Stadt Ali. Ali führt diese Arbeit mit Leidenschaft aus und nichts kann ihn dabei aufhalten!

Tischler sind wahre Künstler. Für sie hat das Holz keine Geheimnisse. Sie schauen sich ein Brett an und können sofort sagen, ob es Pinienholz, Nußbaum oder Kirschbaum ist. Für die verschiedenen Möbel wählen sie das passende Holz. Dann sägen, hobeln, nageln und leimen sie, bis aus den langen und dünnen Brettern Konsolen, Tische, Stühle oder Schränke geworden sind. Es erfordert viel Geschick, alle Teile richtig zusammenzufügen.
Brummi benutzt heute ein ganz ungewöhnliches Werkzeug: den Schnabel eines Spechtes. Er wollte den Vogel schon verscheuchen, aber dann hat er sich gesagt: „Mal sehen, was dabei herauskommt... vielleicht wird es ja eine wunderschöne Verzierung!“

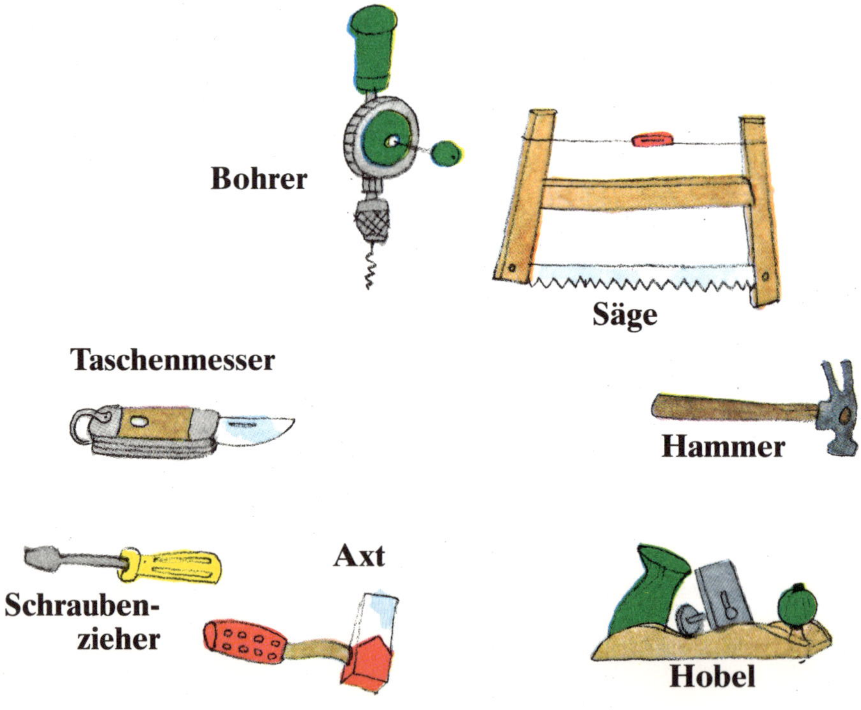

Biber Kowitsch hat heute einen schwarzen Tag. Normalerweise bereitet es ihm keine Probleme, Nägel einzuschlagen, aber heute ist es eine Katastrophe. Alle Nägel sind krumm, und sein Daumen ist schon ganz dick...

Von wem erhält der Tischler das Holz? Vom Förster. Die Förster entscheiden, welcher Baum gefällt wird, dann schneiden sie ihn in lange, dünne Bretter. Martin ist Maurer: Stein für Stein baut er wunderschöne Häuser.

Herr Skunk fährt den Lastwagen der städtischen Müllabfuhr... Achtung! Der Müll hat Feuer gefangen. Die Türen stehen offen – das kann gefährlich werden!

Quieker und Plinkereule sind Nachtwächter in einer großen Fabrik. Ab und zu treffen sie sich im Dunkeln und wechseln ein paar Worte, bevor sie ihren Rundgang fortsetzen.

Hufeisen sind die Schuhe der Pferde, und der Hufschmied ist ihr Schuster. Früher gab es viele Hufschmiede, aber heute werden es immer weniger. Auch die Glasbläser sterben langsam aus. Glasbläser blasen mit langen Röhren das weiche Glas zu Vasen, Flaschen, kleinen Tieren und Tellern.

Herr Wollner ist ein besonders fähiger Verkäufer und Herr Nehmich ein unbedachter Käufer. Oder glaubst du, daß er tatsächlich all diese Dinge braucht?
So eine schöne Farbe! Der Zaun war grau und langweilig, aber Herr Beuß ist Maler und streicht ihn an.

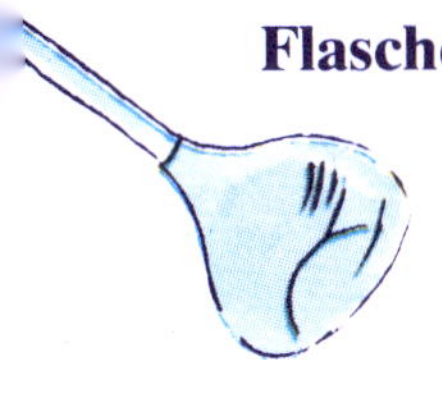

Der Briefträger kennt Name und Vorname von allen Personen, die in dem Bezirk wohnen, in dem er die Post austrägt. Er braucht ein gutes Gedächtnis!

Schneiderin

Nähmaschine

Briefträger

Lehrerin

Klassenbuch

Pult

Krankenschwester

Patient

Medizin

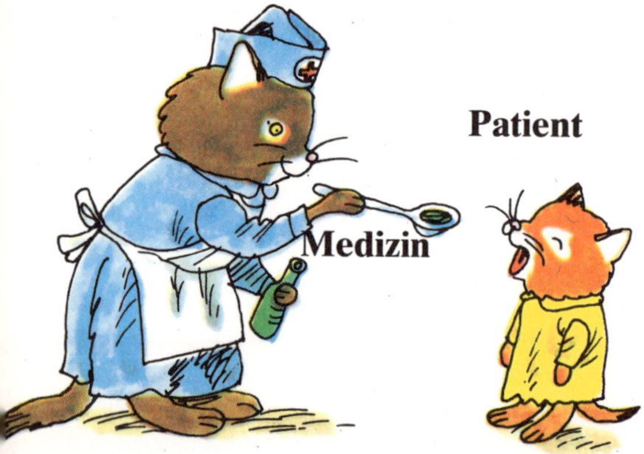

Lehrerin und Krankenschwester sind Berufe für geduldige Menschen. Wer nervös, ungeduldig und leicht reizbar ist, sollte sich einen anderen Beruf wählen.

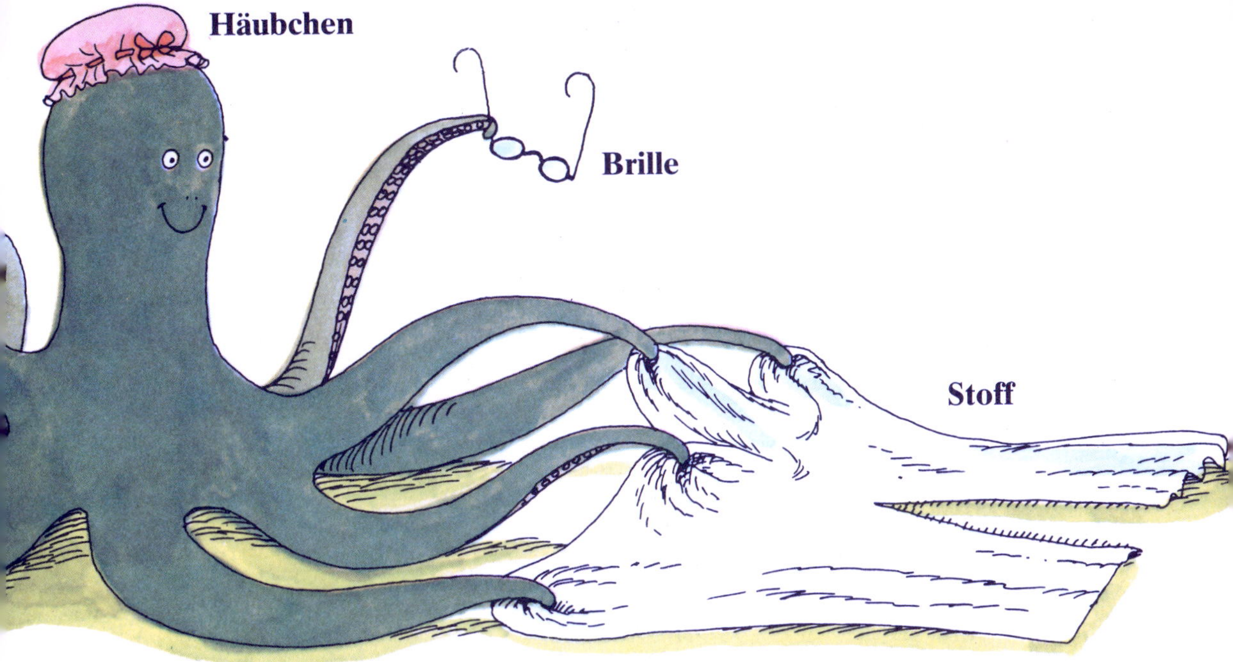

Schneider können aus einem Stück Stoff alles mögliche machen: Hemden, Röcke, Kleider, Gardinen, Kissen, Bettlaken... Eine Schneiderin braucht viel Fantasie.
In öffentlichen Bibliotheken muß man still sein. Die Bibliothekarin weiß das sehr genau. Deshalb kann sie nicht laut losschimpfen, als sie die Matschspuren sieht. Auch sie muß ruhig bleiben.

Journalistin

Koch

Arzt

Bauer

Die kleine Maus an der Schreibmaschine ist die berühmte Journalistin Vera Wahrlich: Sie hat kürzlich einen Artikel geschrieben, in dem sie behauptet, daß die meisten Menschen keinen Aal mögen. Köche, Mediziner, Politiker und Fischer haben sich empört. Aber ein Bauer aus Kohlstadt hat im Fernsehen bestätigt, daß die Wahrlich recht habe.

Registrierkasse

Als Kassierer muß man aufpassen, daß man kein falsches Wechselgeld herausgibt. Zerstreute Typen sind nicht geeignet, an der Kasse zu arbeiten.
Der Metzger weiß, welches Stück Fleisch man für die Suppe, als Kotelett oder Braten nimmt. Man braucht lange, um sich so gut auszukennen.
Brot backen ist auch schwierig. Wieviel Mehl? Wieviel Wasser? Wieviel Salz? Außerdem muß man sehr früh aufstehen, damit das Brot morgens fertig ist.

Rabe
Vogelscheuche
Wetterhahn
Egge
Traktor
Acker
Heuboden
Ziege
Stall
Milchkanne
Konservendose
Eimer
Hühner
Lastwagen

Ein Tag auf dem Bauernhof

Es ist Sommer, und auf dem Bauernhof von Hans Harms gibt es viel zu tun. Die Felder werden gepflügt, die Kühe gemolken, und die Milch muß zur Molkerei gebracht werden. Dort macht man Quark und Käse daraus. Die Pferde, die Schafe, die Ziegen und die Hühner werden gefüttert. Und die Äpfel werden geerntet, denn sie sind reif... So viel Arbeit!

Hans Harms würde die ganze Arbeit allein nicht schaffen. Deshalb hilft ihm Ferdi. Ferdi hat zwei Leidenschaften: die Tiere und den Heuschober. Er melkt die Kühe, striegelt die Pferde, bringt die Schafe auf die Weide, füttert die Schweine und sammelt die Hühnereier ein.

Der Heuschober ist Ferdis ganzer Stolz. Er hält ihn pieksauber und ordentlich. Im Winter, wenn es kein Gras gibt, fressen die Kühe das Heu. Die Pferde fressen Hafer. Ferdi macht sich Sorgen, das Heu und der Hafer könnten nicht für alle ausreichen. Aus dem trockenen Stroh macht er den Tieren ein Bett, damit sie auch im Winter im Warmen und gut versorgt sind. An einem besonders trockenen Platz im Heuschober lagert Ferdi die Äpfel. Im Erdgeschoß hat er die Geräte und Maschinen untergebracht.

Auf dem Bauernhof von Hans Harms steht eine Windmühle. Früher wurde in der Mühle das Getreide zu Mehl gemahlen. Bei Wind drehten sich die Flügel schnell und bewegten das Räderwerk in der Mühle. Heute steht die Mühle still, und Robert benutzt sie als Spielplatz.

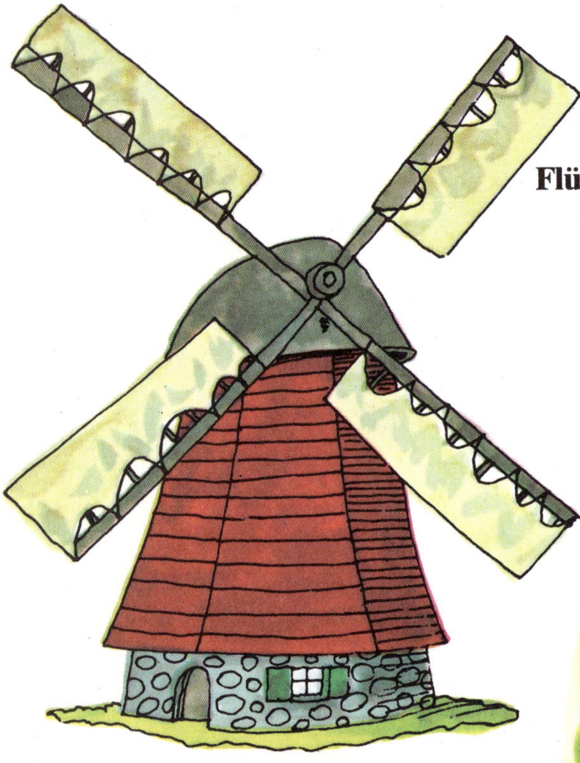

In dem kleinen Teich gehen die Ente und ihre Küken schwimmen. In der Nähe sind die Bienenstöcke, in denen die Bienen den Honig machen. Im Hühnerstall leben viele Hühner. Tagsüber laufen sie auf dem Bauernhof herum, aber abends kehren sie zum Schlafen in den Hühnerstall zurück.

Im Garten

Vera ist die meiste Zeit im Garten. Alle sagen, sie habe einen ‚grünen Daumen‘. Damit meinen sie, daß sie sich mit Pflanzen gut auskennt. Sie sät genau im richtigen Moment, dann topft sie die Pflanzen vorsichtig um, gießt sie, düngt sie und pflegt sie, wenn sie krank werden.

Sonnenhut

Malve

Tulpen

Löwenzahn

Veilchen

Vera hat immer viel zu tun, aber ganz besonders im Frühling. Dann wachsen die Pflanzen; die Winde braucht eine Stütze, die Erde muß umgegraben werden, damit sie besser atmet, verwelkte Blätter und Blumen müssen entfernt werden ... und dann muß man auch mehr gießen als sonst, denn es wird wärmer und die Erde schneller trocken. Außerdem bindet Vera die Blumen zu Sträußen, und so kommen zu den Blumen im Garten noch die Blumen im Haus.

Auch Bastian ist ein Blumennarr. Er kümmert sich vor allem um die Pflege der Pflanzen und weniger um ihre Saat oder Aufzucht. Er findet immer ein Mittel, wenn eine Pflanze krank ist. Und sofort geht es ihr besser. Manchmal rufen bestimmte Insekten die Krankheiten hervor, manchmal sind es ganz kleine Pilze, andere Male kleine Tiere, die in der Erde die Wurzeln anfressen. Die ‚Medizin' wird in die Erde gesteckt oder auf die Blätter und Blüten gesprüht.

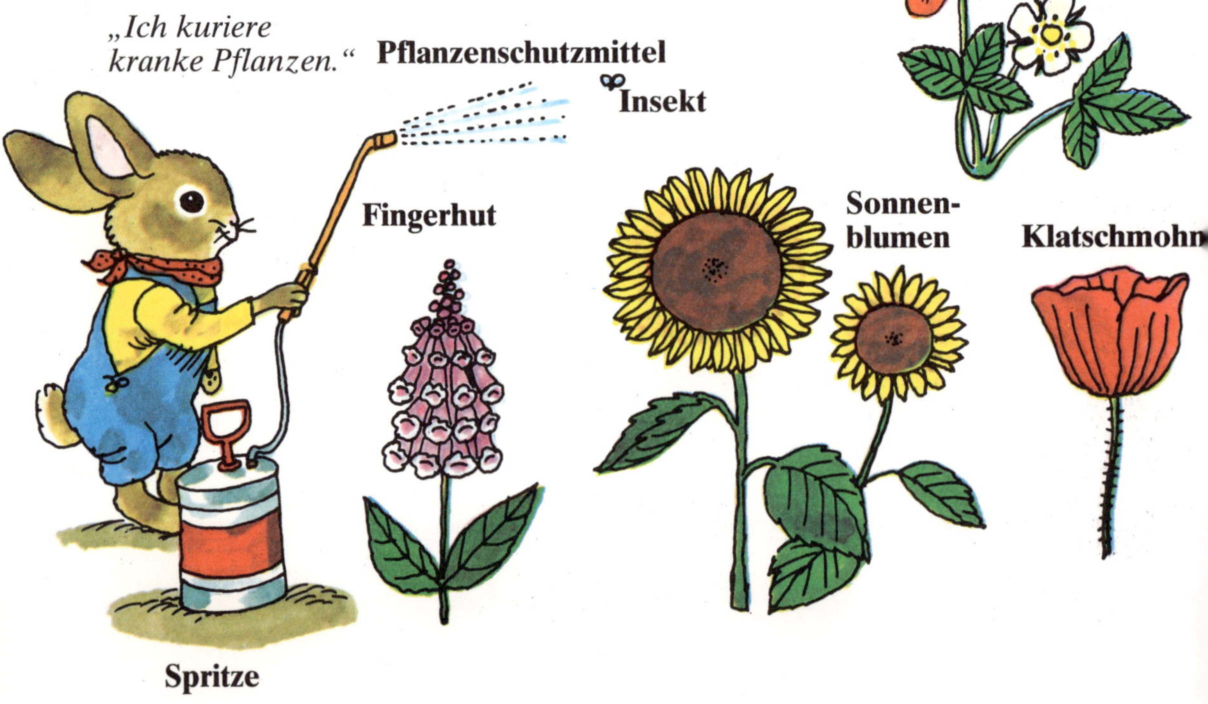

Ferdi liebt Sonnenblumen heiß und innig. Jedes Jahr sät er ein Beet. Im Sommer betrachtet er entzückt, wie sie ihre großen Blumenkronen nach der Sonne drehen. „Sie scheinen ihre beste Freundin zu grüßen“, sagt Ferdi. Dieses Jahr will er versuchen, sie in einem Blumentopf zu ziehen. Wenn es ihm gelingt, kann er sie im Winter mit ins Haus nehmen und hat sie das ganze Jahr über in seiner Nähe.

In der Erde gibt es nicht nur Schädlinge für die Pflanzen. Regenwürmer zum Beispiel lockern die Erde auf, so daß die Wurzeln Luft bekommen.

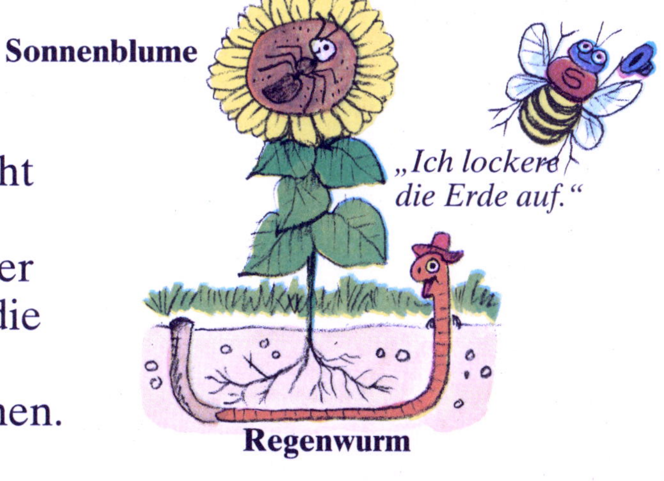

Im Gemüsegarten herrscht ein emsiges Treiben. Herr Borstel, Karlchen und Willi arbeiten tüchtig. Herr Borstel sät sorgfältig die Tomaten aus. Karlchen gräbt eine neue Furche, und Willi harkt die Erde und befreit sie von Steinen. Plinkereule wartet, bis Herr Borstel fertig ist, denn seine Aufgabe ist das Gießen.

Sie wollen Tomaten, Erbsen, Salat, Paprika, Radicchio und Bohnen säen. Und außerdem natürlich Möhren für Willi und Kartoffeln für Karlchen. Etwas abseits hält der Rabe die Augen offen. Immer wenn ein Samenkorn wegrollt, schnappt er es sich.

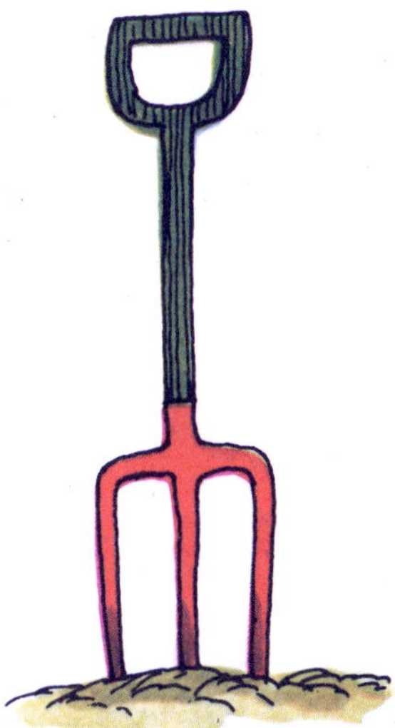

Hacke

reifender Mais

Auch Hoppi hat einen Garten angelegt, aber er hat vergessen, vor dem Säen das Unkraut zu jäten. Und wie soll er jetzt die Erbsen, den Salat, die Bohnen und den Radicchio sehen?
Fluppi bestaunt die Tomaten und den Mais, die der Großvater angepflanzt hat. Die sind aber riesig!

„Oh, sind die Tomaten groß!“

reife Tomaten

Fritzi ißt am liebsten Fleisch vom Holzkohlengrill. Er kümmert sich darum, daß neben seinem Kamin immer genügend Holz liegt.
Herr Hase wollte seinem Sohn zeigen, wie man trockene Blätter zusammenrecht und dann verbrennt. Aber ihm passiert etwas Komisches: Der Rechen fängt Feuer!

Wie ist das Wetter?

Es gibt eine Wissenschaft, die sich mit dem Wetter beschäftigt: Das ist die Meteorologie. Die Meteorologen sind Menschen, die Wolken, Wind und Temperatur genau beobachten und dann sagen können, ob es regnen oder ob die Sonne scheinen wird. Sie machen die Wettervorhersagen.
Die Meteorologen haben fünfzehn Tage Sonnenschein vorhergesagt, und Ferdi hat sofort die Ernte des reifen Getreides eingeplant. Ulrich und Quieker, die nichts zu mähen haben, werden einen Ausflug ans Meer machen.

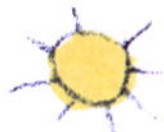

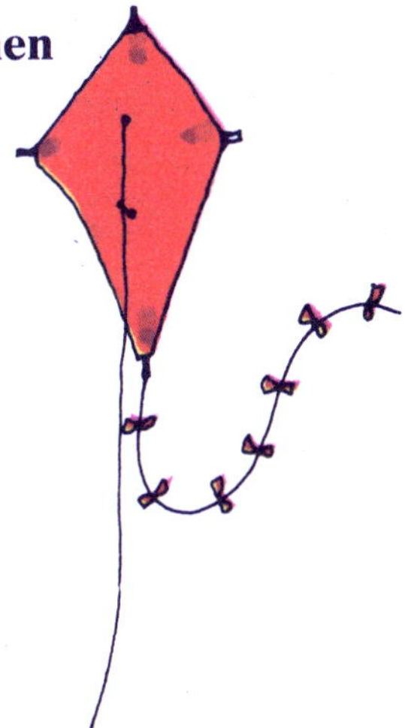

Es ist sehr windig geworden. Philipp nutzt die Gelegenheit und läßt seinen Drachen steigen. Herr Knolle rennt hinter seinem Hut her, den der Wind ihm vom Kopf geblasen hat. Der Himmel ist wolkenlos, und es regnet nicht.

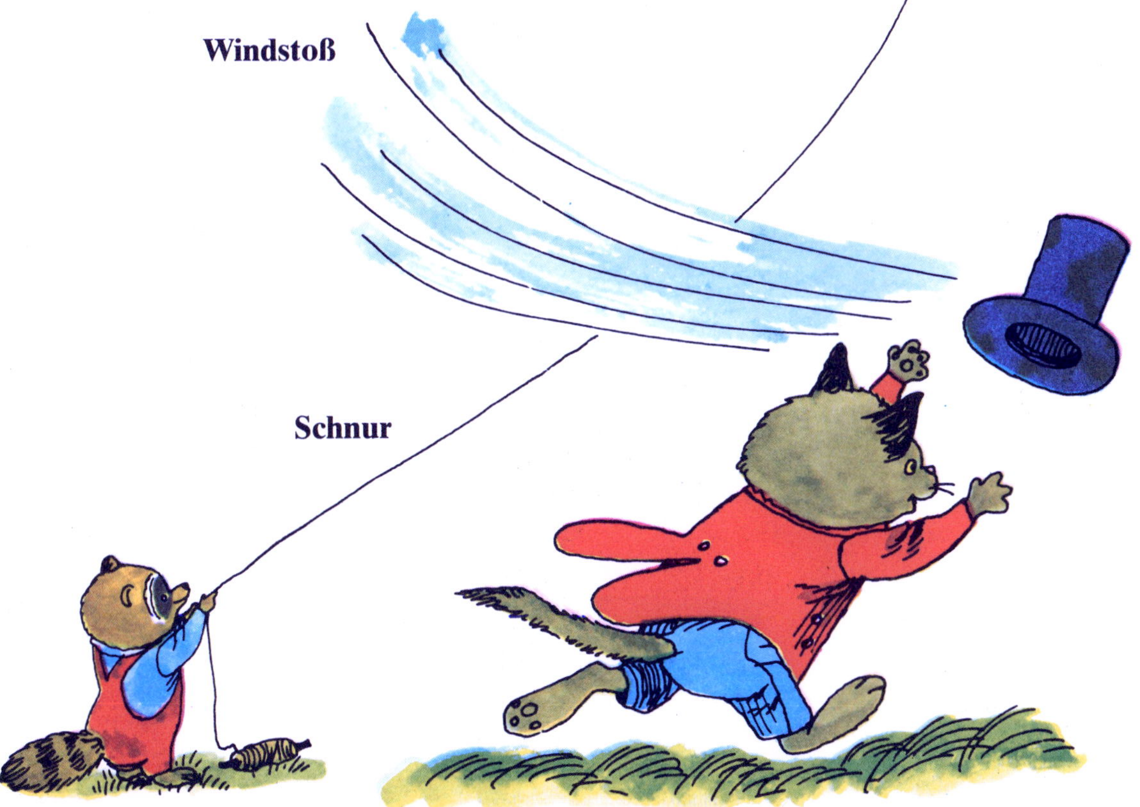

Am Himmel ballen sich dunkle Wolken zusammen. Eine kalte Brise kommt auf, und die Sonne verschwindet hinter den Wolken: Gleich wird es regnen. Die ersten Tropfen fallen und treiben alle in die Häuser.

„Oje, Blitz und Donner!"

Ferdi hat Angst vor Gewittern. Wenn der Donner grollt und die Blitze zucken, versteckt er sich im Heu. Und bei jedem Donner zittern seine Ohren...

Einmal wurden Ferdi und die Küken im Freien vom Regen überrascht. Es goß in Strömen. Ferdi ist nach Hause galoppiert. Als er ankam, war er klatschnaß. Die Küken hatte die Schildkröte unter ihre Fittiche genommen.

Blätter
fallen herunter.

Im Herbst fallen die Blätter von den Bäumen, und es ist oft neblig. Bei Nebel muß man besonders vorsichtig sein und aufpassen, wo man hintritt. Sonst kann man schnell verunglücken...

Die heruntergefallenen Blätter werden mit einem Rechen zusammengekehrt. Dann verbrennt sie der Gärtner. Wenn man sie auf der Erde liegen läßt, verfaulen sie.

Was ist Schnee? Das ist Regen, der durch sehr kalte Luft gefriert, ohne zu Eis zu werden.

Eis ist Wasser, das hart wie Marmor geworden ist. Damit das geschieht, muß es sehr kalt sein. Und trotzdem bleibt Eis immer Wasser, denn wenn die Sonne das Eis erwärmt, schmilzt es. Deshalb aufgepaßt, wenn ihr auf zugefrorenen Seen Schlittschuh fahrt!

Wir gehen in den Zoo

Im Zoo leben Tiere aus allen Teilen der Welt: aus Afrika, Asien, Amerika, Australien ... Sie werden in die Zoos gebracht, damit wir sie uns anschauen können. Denn sonst wüßten wir nur aus Büchern oder Filmen, wie sie aussehen und wie sie sich verhalten.

Der Hirsch lebt in den Wäldern Europas, der Löwe kommt aus Afrika und der Tiger aus Asien. Der Leopard lebt in Afrika und in Asien. Der Bison ist in Nordamerika zu Hause. Wir kennen ihn aus Indianerfilmen.

Das Kamel hat zwei Höcker und lebt in den asiatischen Wüsten. Das Dromedar hat nur einen Höcker und lebt in den Wüsten Nordafrikas und Arabiens.

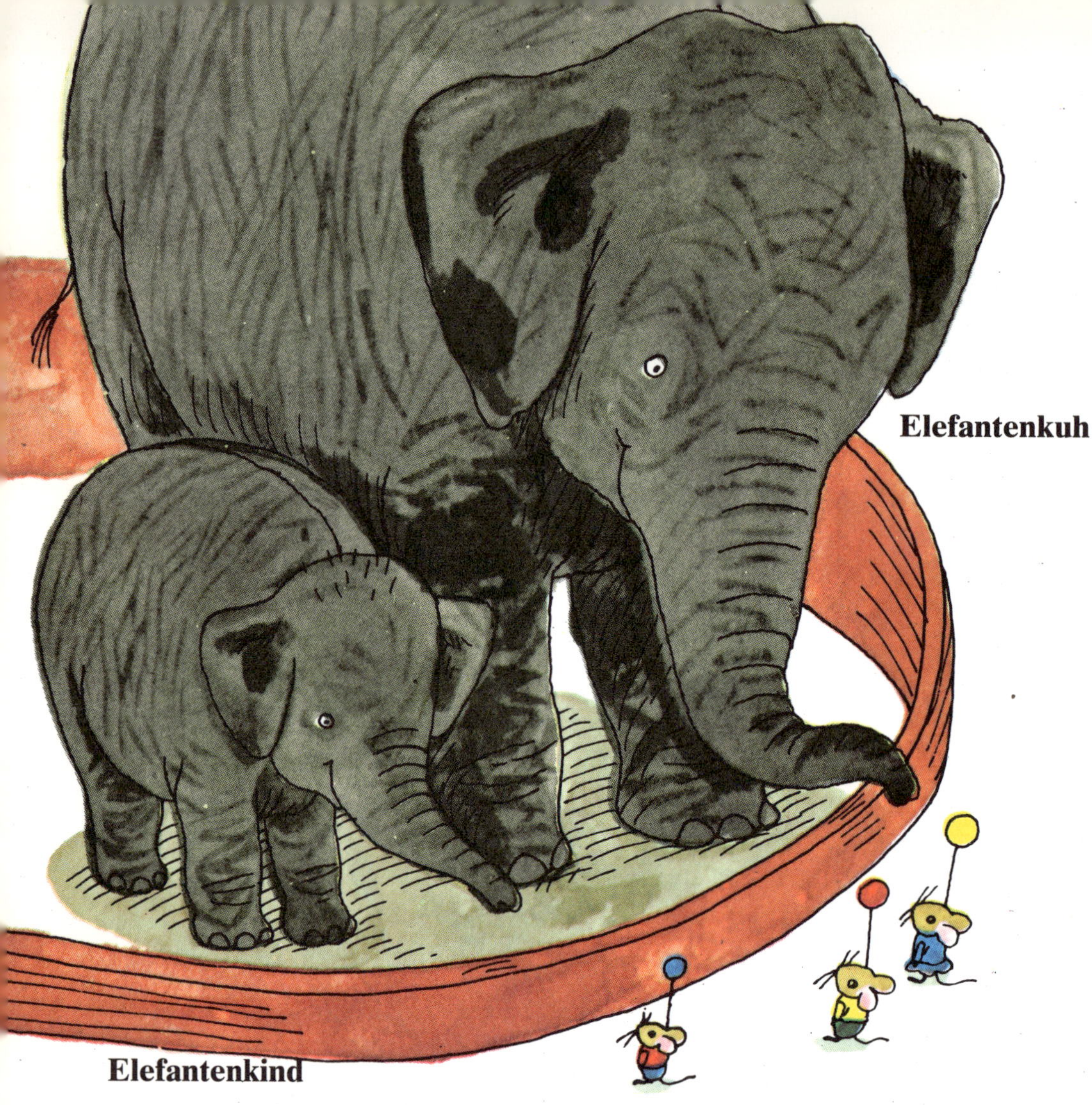

Es gibt zwei verschiedene Arten von Elefanten: Die Elefanten aus Afrika sind sehr groß, haben große Ohren und riesige Stoßzähne; die Elefanten aus Asien sind kleiner und haben kleinere Ohren und kurze Stoßzähne. Auf diesem Bild seht ihr eine indische Elefantenkuh mit so kleinen Stoßzähnen, daß man sie nicht mehr erkennt. Im Zirkus sieht man meist indische Elefanten, denn die afrikanischen lassen sich nur schwer dressieren.

Die Seehunde sind sehr nett und gesellig,
aber Bär und Gorilla sieht man sich
besser aus einiger Entfernung an.

Alle Vögel, alle

Fantasievogel

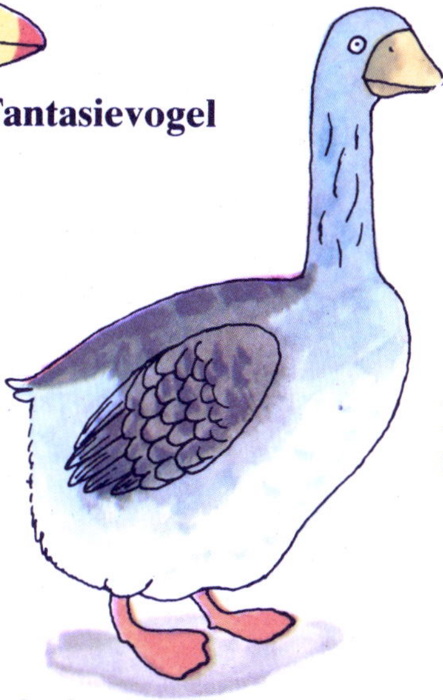

Die Gans schnattert.

Wasserläufer

Der Kanarienvogel trillert.

Rohrdommel

Die Ente schnattert.

Entenküken

Der Storch klappert.

Schwan

Taube

Wenn du aufs Land fährst oder in der Stadt an einen Platz kommst, wo Bäume stehen, hör einmal auf die ‚Stimmen' der Vögel.
Du wirst sie vielleicht nicht sehen, aber du kannst hören, wie sie zwitschern, piepen, pfeifen, krächzen, singen, trillern oder tirilieren...

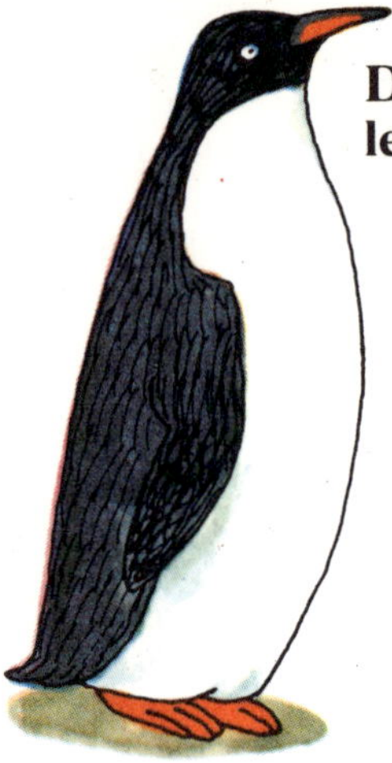

**Der Pinguin
lebt am Südpol.**

**Der Löffelreiher
lebt in Sümpfen.**

**Der Kardinalsvogel
kommt aus Amerika.**

Pelikan

**Der Strauß
ist ein Laufvogel.**

Straußenei

Kolibri

Der Geier heißt
in der Andenregion
Kondor.

Einige Papageienarten
lernen sprechen.

Papagei

Tukan

Der Eichelhäher
lebt in Wäldern.

Es gibt so seltsame Vögel wie den Pinguin, der nicht fliegt, den Strauß, der rennt und Eier legt, die mehr als ein Kilo wiegen, den Löffelreiher mit seinem breiten Schnabel oder den Pelikan mit seinem Schnabelsack. Manche Vögel haben farbenprächtige Gefieder wie der Papagei, der Flamingo oder der Eichelhäher. Der Kolibri ist kaum größer als eine Hummel, und der Tukan hat einen riesigen Schnabel. Der Geier ist sicher der häßlichste von allen, aber er hat eine wichtige Aufgabe: Er frißt die toten Tiere und hält dadurch die Natur sauber.

Der Flamingo wird
eineinhalb Meter groß.

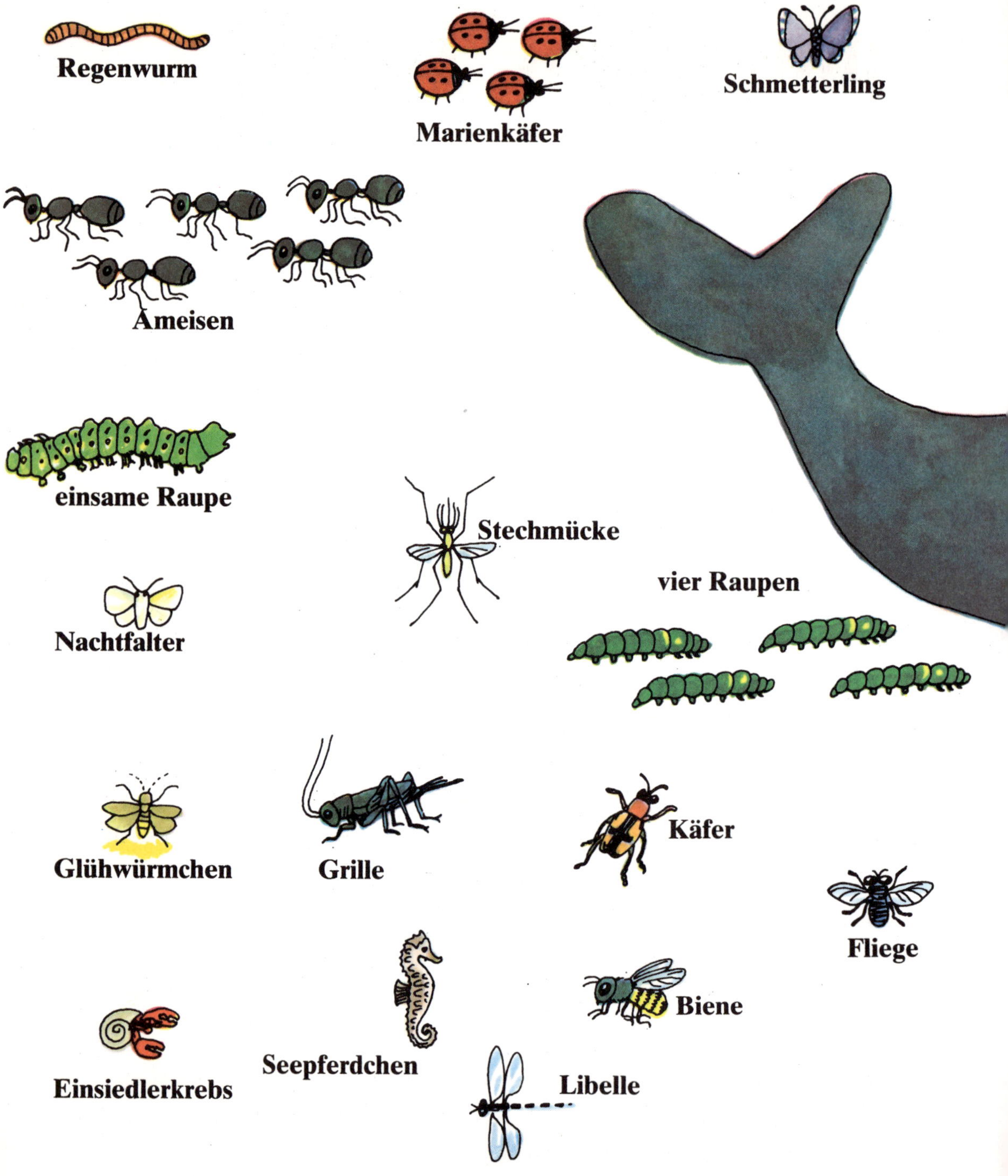
Regenwurm
Marienkäfer
Schmetterling
Ameisen
einsame Raupe
Stechmücke
vier Raupen
Nachtfalter
Glühwürmchen
Grille
Käfer
Fliege
Biene
Einsiedlerkrebs
Seepferdchen
Libelle

Große und kleine Tiere

Wal

Wenn du in den Zoo gehst, wirst du da einen Elefanten oder ein Nashorn übersehen? Wohl kaum, denn sie sind so groß, daß keiner sie übersehen kann. Aber es gibt auch Millionen von Tieren, die man suchen muß, bis man sie entdeckt. Ameisen, Grillen oder Würmer siehst du erst, wenn du dich bückst. Bienen, Marienkäfer, Fliegen und Schmetterlinge müssen nah an dich heranfliegen, damit du sie erkennst. Und Mücken bemerkst du immer erst dann, wenn es schon zu spät ist: dann nämlich, wenn sie dich gestochen haben!

Wir verreisen

Verreisen heißt, daß wir in ‚irgend etwas' einsteigen und wegfahren. Wir steigen in ein Auto, einen Zug, ein Schiff... oder auf ein Floß. Was wir wählen, hängt von der Art der Reise ab, der Zeit und dem Geld, das wir haben. Das Auto hat den Vorteil, daß du genau bis ans Ziel fahren kannst. Wenn du auf eine Insel möchtest, brauchst du allerdings ein Schiff. Der Zug eignet sich besonders für lange Strecken, er ist schnell, sicher und bequem. Du kannst im Zug schlafen, essen, auf und ab gehen. Schiffe sind wie schwimmende Hotels; sie haben praktisch alles. Ein Floß hingegen ist ein bißchen... unbequem, aber eine Floßfahrt ist sicher die billigste Art zu reisen.

Auto

Floß

Radar

Rettungsboot

Fährschiff

Lokomotive

Wer sehr schnell oder an weit entfernte Orte reisen möchte, der nimmt das Flugzeug. In einer Stunde fliegt es über die Alpen von Frankfurt nach Mailand, in drei Stunden bis nach Moskau, und in achteinhalb Stunden ist man in New York auf der anderen Seite des Ozeans.

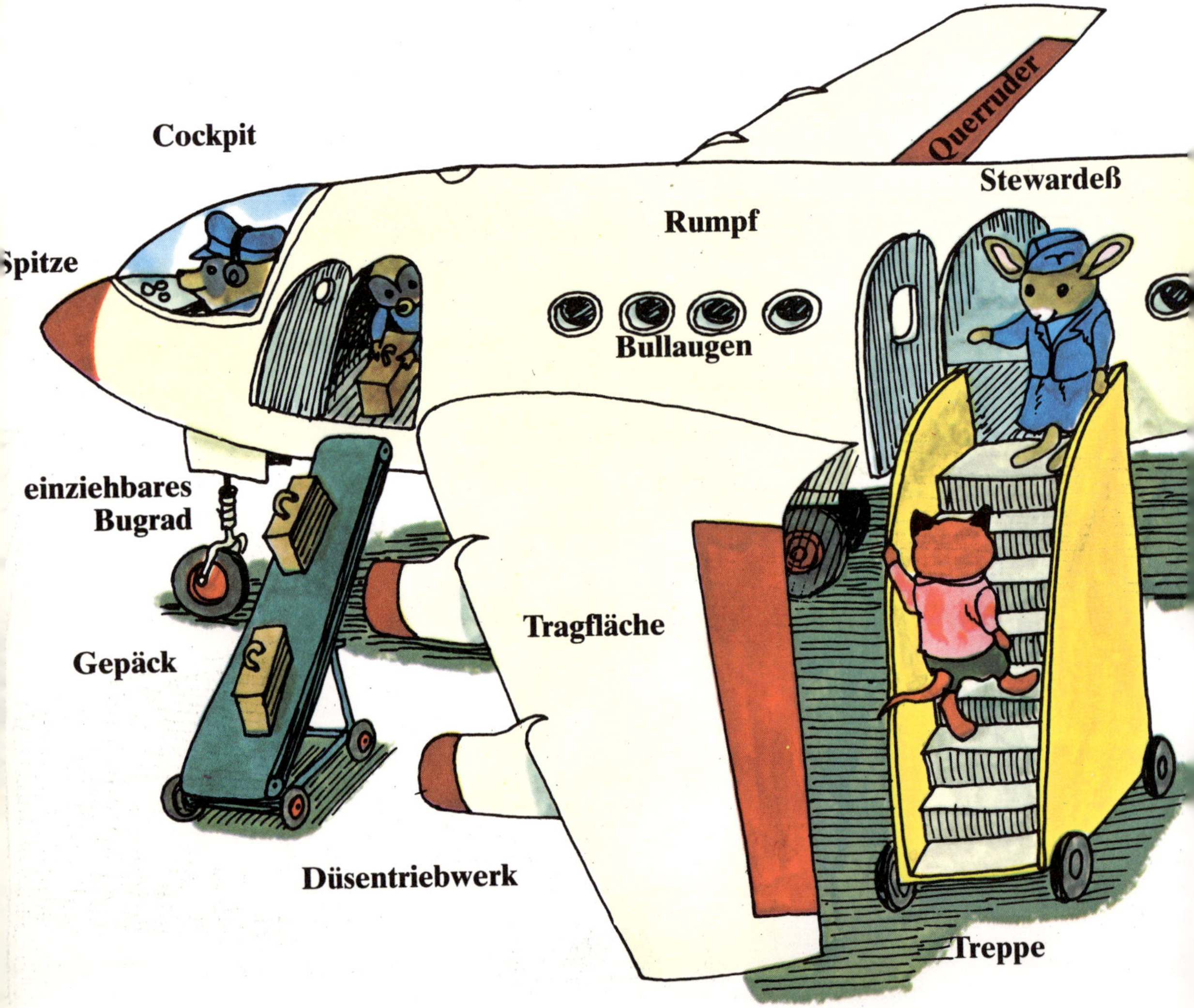

Der schnellste Zug von Frankfurt nach Mailand braucht acht Stunden, von Frankfurt nach Moskau benötigt er vierzig Stunden. Nach New York kommt man mit keinem Zug, denn der Atlantik liegt dazwischen. Man kann in Bremerhaven ein Schiff nach New York nehmen, aber das braucht eine Woche: eine schöne Seereise.

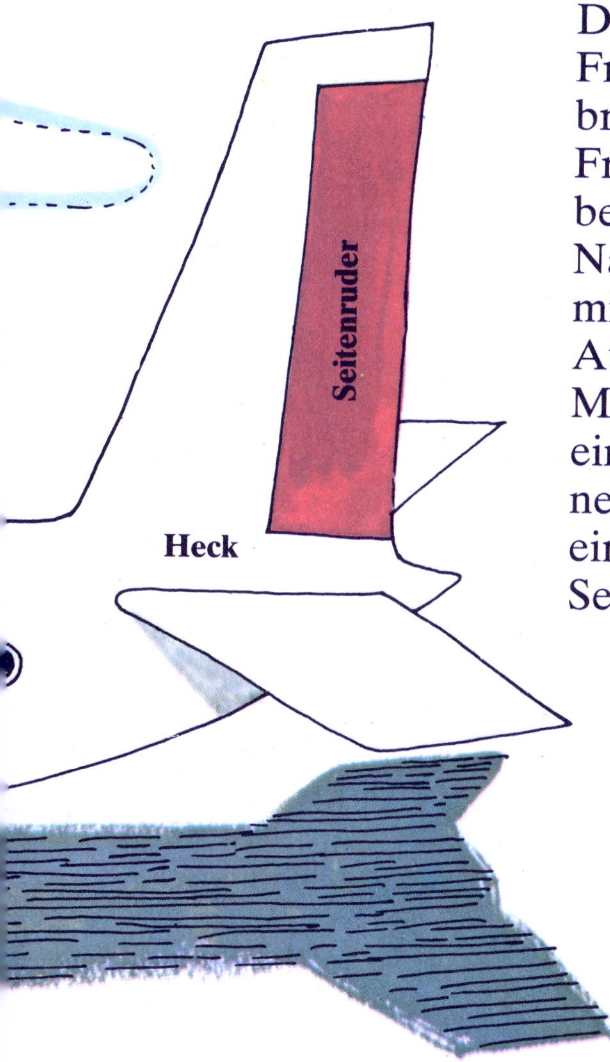

Es gibt Flugzeuge für viele und für wenige Personen, ja sogar nur für eine Person. Graf Krahe hat einen Einsitzer, und er macht jedes Jahr eine Reise in einen anderen Teil der Welt. Dieses Jahr hat er sich für einen Flug nach Paris entschieden. So vergeßlich wie er ist, hat er die Landkarten und Navigationsinstrumente vergessen. Und auf einmal sieht er unter sich englische Flaggen...

„Ich habe die falsche Route genommen, aber das macht nichts!“ ruft er. „Ich lande, tanke auf und starte sofort wieder.“

Fallschirm

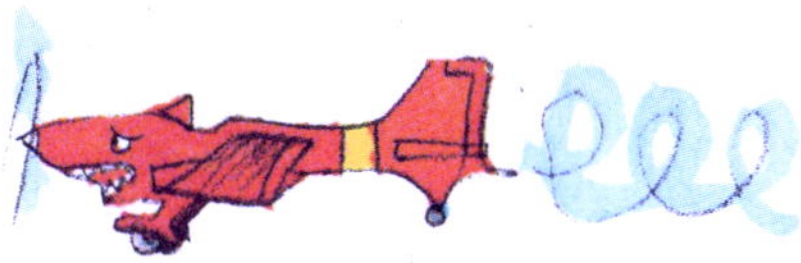

„Was werden die Franzosen von mir denken!“

französische Flagge

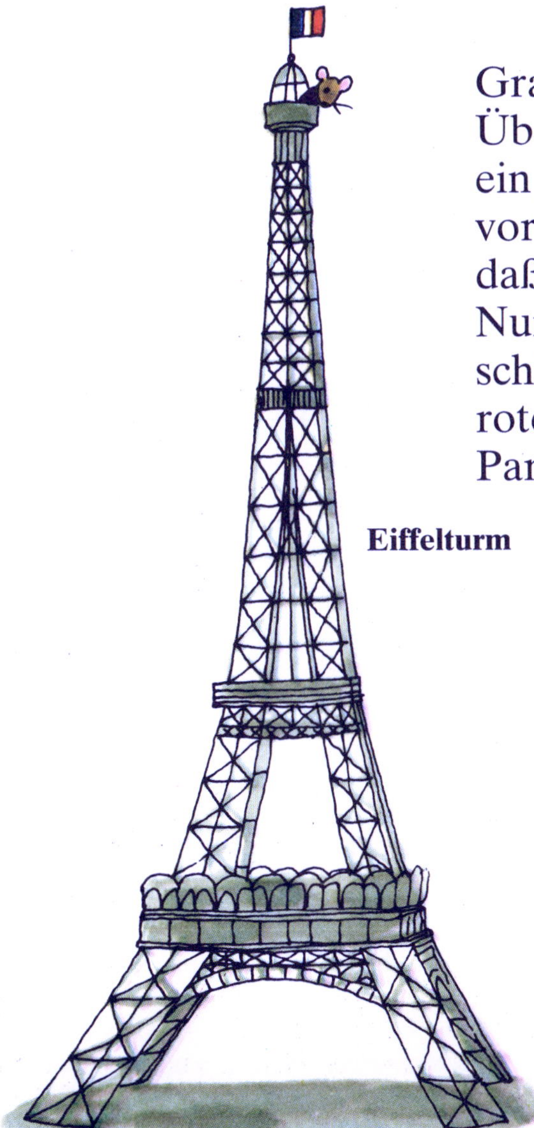

Graf Krahe ist wieder gestartet. Über Paris angekommen, will er ein fliegerisches Kunststück vorführen – mit dem Ergebnis, daß er aus dem Flugzeug fällt! Nun landet er mit dem Fallschirm und nicht mit seiner roten, funkelnden Maschine in Paris.

Eiffelturm

Triumphbogen

In den Bergen

Wald
Hügel
Ortschaft
Windmesser
Fluß
Wildbach
Staubecken
Tannenwald
Landstraße

In den Bergen ist es das ganze Jahr über schön. Im Sommer kann man herrliche Ausflüge und Wanderungen durch grüne Wälder und blühende Wiesen machen. Die Sonne scheint in den Bergen viel stärker als in der Ebene, weil die Luft ‚dünner' ist.

Wer gern Kanu fährt, findet hier Wildbäche und... Wasserfälle. Elias ist ein zerstreuter Kanufahrer. Er sieht nicht, daß vor ihm ein Wasserfall ist.

Im Winter sind die Berge mit Schnee bedeckt. Wer saubere Luft atmen und sich ein bißchen bewegen möchte, der kann Ski fahren. Es gibt zahlreiche Skischulen. Quieker wußte das nicht: Er hat sich die Ski einfach angeschnallt und ist losgefahren. Wer weiß, wo er landen wird!?
Wer im Schnee spazierengehen möchte, braucht Schneeschuhe, sonst sinkt er ein.

Fritzi war in der Skischule. Er fährt die Pisten sicher und elegant hinunter. Auf der Piste sind auch die Ängstlichen, die statt Ski lieber Schlitten oder Toboggan fahren. Wenn etwas passiert, kann man sich immer noch rechtzeitig in den Schnee fallen lassen!

Philipp ist ein begeisterter Angler, und er will auch im Winter nicht darauf verzichten. Zum Schutz vor der Kälte stellt er sich in einer Hütte unter, macht ein Loch ins Eis und läßt die Angelschnur mit dem Haken hinunter. Irgendein hungriger Fisch beißt bestimmt an.

Brummi spielt in der Mannschaft des Hockey-Clubs *EC Mutig*. Sie sind Spitzenreiter, und Brummi trainiert jeden Tag auf dem zugefrorenen See. Am Sonntag haben sie ihr nächstes Spiel, und da will er in Form sein.

Am Meer, am See und am Fluß

Am Meer, an den Seen und Flüssen kann man schwimmen, rudern, Regatten veranstalten oder Motorboot fahren. Wer will, kann fischen, zum Spaß oder zum Geldverdienen. Manche Menschen leben sogar auf dem Wasser, sie haben besondere Boote, die man Hausboote nennt.

„Rudern macht stark.“
Ruder
Ruderboot

„Ich sehe keine Dorsche!“
Segel
Segelboot

Hausboot

Rennboot
10

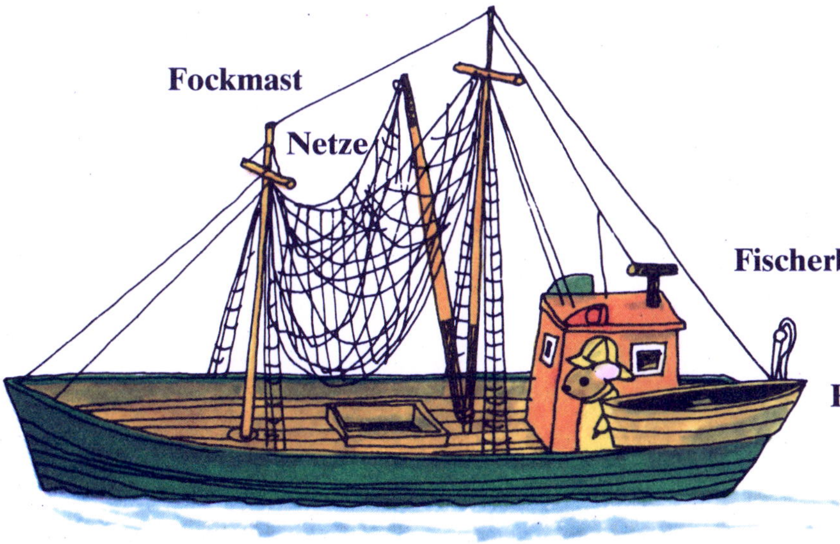
Großmast
Fockmast
Netze
Fischerboot
Rettungsboot

An den Strand fährt man nur im Sommer, wenn es warm ist.

Dann kann man sich sonnen, schwimmen, Muscheln sammeln, unter dem Sonnenschirm dösen, Sandburgen bauen oder tausend verschiedene Spiele spielen.
Seeluft ist gut für Kinder. Sie werden kräftiger und bekommen im Winter nicht so schnell eine Erkältung.

Schau mal, was sie an diesem Strand alles machen. Und im Wasser siehst du ein Schwimmauto, ein Tretboot, ein Unterseeboot... Jetzt fehlen nur noch die Surfer.

Und hier machen Herr und
Frau Borstel in Seelenruhe
ein Picknick wie auf dem
Rasen vor ihrem Haus.

Dep. Legal B. 31.750-91